巴蜀百年学术名家丛书

儒学五论

蒙文通 著

巴蜀书社

图书在版编目（CIP）数据

儒学五论/蒙文通著．—成都：巴蜀书社，
2021.3
（巴蜀百年学术名家丛书）
ISBN 978－7－5531－1401－9

Ⅰ.①儒…　Ⅱ.①蒙…　Ⅲ.①儒学—文集
Ⅳ.①B222.05－53

中国版本图书馆 CIP 数据核字（2020）第 221153 号

儒学五论

RUXUE WULUN

蒙文通　著

责任编辑	王承军
出版发行	巴蜀书社（成都市槐树街 2 号　邮编 610031）
电　　话	总编室：（028）86259397
	发行科：（028）86259422　86259423
网　　址	www. bsbook. con
电子邮箱	bashubook@163. com
排　　版	四川胜翔数码印务设计有限公司
印　　刷	成都东江印务有限公司
版　　次	2021 年 3 月第 1 版
印　　次	2021 年 3 月第 1 次印刷
成品尺寸	130mm×210mm
印　　张	8.125
字　　数	160 千
书　　号	ISBN 978－7－5531－1401－9
定　　价	54.00 元

题 辞

凡儒学本论、广论都十篇，校录既竣，爰挈其要，贯其事而题之辞曰：韩非言："儒分为八，墨离为三。"三墨之辨，余略推论之也。八儒之学，殆亦可寻。孟氏、孙氏之儒，七篇及荀卿书是也。漆雕之儒，《儒行》为近，则儒而侠者也。《管子书·心术》《白心》《内业》诸篇，为儒之杂于道家者，其说上承《乐记》，仲良氏传《乐》，此诸篇者，非所谓仲良氏之儒乎？《汉志》儒家有《内业》十五篇，不知作者，倘即仲良氏之书也。儒有取诸法家者，莫著于《春秋》，《公羊》《穀梁》皆是，此法殷说之所由本。儒有取诸墨家者，莫著于礼，而《礼运》陈义实显，此法夏说之所由本。若子思、李克书，为说于法尤近。文质之论，亦发于《表记》。岂子思氏之儒，为杂于法家者耶？乐正子春守曾子之绪，《曾子》书十八篇及《孝经》，谅即乐正氏之儒所传。班固言："墨家者流，以孝视天下，是以上同。"章枚叔因之，有孝经本夏法之说，应即据墨以为义也。《曾子·

王言》《制言》所诠，亦属墨家明堂之事，岂乐正氏之儒，为杂于墨家者耶？《系辞》义精而言独异，正所谓子弓楚人之传。而篇中独举颜氏，庄子书亦亟称颜氏，群书言颜氏者要不远于庄书，复与《系辞》为相近，兹岂所谓颜氏之儒乎？孟子言："杨氏为我，墨氏兼爱，子莫执中。"钱君宾四证其为《说苑》之颛孙子莫，即子张之子申详，则子张氏之儒，殆又为执中之说者也。儒有言五行灾变者，显为邹衍阴阳主运之术，徒以术数之事无关儒家宏旨，或非韩氏之所论及耶？斯则儒之流派，略可推征，要不过与百家之学相荡激，而旨以各异。至七十子后学者吴起、禽滑厘之属，其显然杂于异家者，更不胜缕数也。司马谈谓"六艺经传以千万数"，足征其文之浩博。今以二戴、董、伏、韩、贾、刘向所传传记推之，群儒之绪，毕萃于此，而诸子之义，亦隐约其间。苟究论于儒家思想发展之迹，出入异家之故，足知六经传记者诚百氏之渊海也。盖周秦之季，诸子之学，皆互为采获，以相融会。韩非集法家之成，更取道家言以为南面之术，而非固荀氏之徒也。荀之取于道法二家，事尤至显。邹生晨曦谓："庄子书有诋訾孔氏者，为漆园之本义。《杂篇》中乃颇有推挹孔氏者，为后来之学，有取于儒家。"亦笃论耶！《吕览》、管书，汇各派于一轨，《淮南子》沿之，其旨要皆宗道家。司马迁之先黄老而后六经，亦其流也。六艺经传之事，盖亦类此，汇各家之学，而综其旨要于儒家。宗道者综诸子以断其义，纯为空言；宗儒者综诸子而备其制，益切于用。自宗儒之经术，继宗道之杂家而渐盛，遂更夺其席而代之，于是孔氏独尊于百世。罢黜百家，表彰六经，仲舒之说，建元之事，其偶然耶！窃尝论之，六艺之文，虽曰邹鲁之故典，而篇章之盈缺，文句之异同，未必即洙泗之旧。将或出于后学者之所定也。故经与传记，辅车相依，是入汉而儒者于百家之学、六艺之文，弃驳而集其纯，益推致其说于精渺，持义已超绝于诸子，独为汉之新儒学，论且有优于孟、荀，讵先秦百氏所能抗行者哉？百川沸腾，朝宗于海，殊途之事，纳于同归，斯先汉经说者，又百家之结论也。此余本论各篇之所为作也。岂谓以周秦之卓绝，入汉乃暗淡而无辉。殆以诸子之义，既萃于经术，则经术为根底，而百氏其柯条。支义奇辞，胥就董理，诸子之于经术，倘正辩证法发展之谓欤！此则孟、荀儒者之术，入汉而为经生之业，以恢诡无方之诸子，转而为湛深纯一之经术，道之相承，固宜如此。惜先汉之学，沉晦既久，前世学者，率由东汉以推西汉，更踪迹其事于先秦。欲本何、郑之业，以寻晚周之绪，卒之困于章句，徒事琐末，或更为瑰奇，以骇俗惊世。乃未能明究周秦，以下窥西汉；探研诸子，而致之经说。以是其道窘隘，鲜所甄明。惟井研廖师著论，条然有以抉其旨要。《周官》《王制》之殊途，实为政治制度之分限，一为历史，而一则理想之所寄也。今文、古文之辨，至是如犀分水，条理灿然。然汉师所陈者制也，而先秦所论者义也。不究于义，安知制所由起；不求于制，安知义所以用。变衍虽繁，而其迹固若可察。故必义与制不相遗，而后学可明也。复有进者，汉师之所论者亦约也，先秦之所究者则博也。不以今文之旨要，探先秦之归宿，则诸子之术散漫无统宗；不以诸子之博衍，窥汉儒之宏肆，则今文之说终嫌于枯窘。故必经与子交相发，而后义可备也。纲条既张，枝叶自傅。举凡西汉之籍，其有事非释经，而陈义精卓者，莫不与纲条相通贯。其导源于诸子之迹，亦灼然可明。诚以今文之约，求诸子之约，以诸子之博，寻今文之博；究于嬗变之迹，立义之由，则本末兼该，而始终之故亦举。所谓出入于百氏，反求诸六经而后得之者，亶其然乎！是先秦以往之思想，至汉而集其成。故后汉而下之思想，亦自西京而立其本。虽后来义有显晦，学有偏精，然其或出入者，为事亦仅。六经之道立，而百世之楷模以定。由是观之，先汉之业，顾不盛欤！惟以学官既建，传记转轻，其籍虽存，而章句特盛，此学之一变也。幸微言大义之传，事犹未没。自儒者不得竟其用于汉，而王莽依之以改革。余尝三复《莽传》，而知居摄之政，其可得而言者，皆今文之师说。故博士之伦，亦发愤而颂仰之。逮莽以纷更致乱，新室倾覆，学者乃嗒焉丧其所主。精义高致，翻为世薄，而古文之学，缘隙奋兴。舍传记之博、师说之奥，专事经文，视如旧法世传之史，刊落精要，反于悃愊，徒以考证训诂为学。复以《周官》之俦，旧法之史为主，而义以特异。然后儒者之学，于是再变，而道以大晦。故东京之学，不为宏言卓论，谨固之风足尚，而恢宏之致顿消。士敦于笃行，而暗于思究。党锢君子之行，斯其著者，而说经之法，顾其次也。往者尝从左庵问经，稍涉贾、马、服、郑以迄王、杜诸家之说，颇怪古文之业，何尝遽舍今学以自树。盖康成以前，惟说《礼》之家，今古各别，而《诗》《易》《春秋》之业，莫不与博士相出入。康成以后，惟子雍述《诗》，专宗毛义，元凯释《左》，不涉二传，辅嗣注《易》，悉摈孟、京；而说《礼》之家，又莫不今古牵互，淆然莫辨。是东京以往，安有谨严不杂之古学，而秦汉经师之传，由是扫地以尽。为道既楛，俾玄言异说，得乘之而横决。学益去而益远，儒术之绌，有自来耶！以后先述作考之，董、贾之书，视诸孟、荀为近；章句训诂之学，遂与晚周迥殊，岂不惜哉！是则追寻先哲坠绪，所为慨焉永叹者也。

抑又言之，周之制为封建，而贵贱之辨严；秦之制奖兼并，而贫富之辨起。先汉经说者，固鉴于二代之败，显然反对其阶级之政者也。商贾盛于周，君权极于秦。先汉经说者，固显然摈抑商贾与君权者也。故窃谓周也，秦也，先汉经说也，截然而为三。非周制既弊、秦焰已张之后，何易有此宏义？此汉师之持义，固有鉴于历史之衍变，其迹有未可掩者。即以周秦而言，百家之学，亦何莫非因时势之激刺，而陈义以日新。汉师经说，固源于诸子，非能独异，则历史之有关于思想，其孰能非之。至若汉世帝王，既采儒家经济之思想以抑商贾，经生亦让步其政治之主张，而不绌君权。中国历史亦于此而植其基，遂与欧美之事以迥异。自汉而下，二千余年，社会经济无显著之变动者，求诸经生之说，有固然也；而君主之制遂亦维系于永久，倘亦基于是耶！盖儒者固尝据墨家选天子之义，以明大同之道、天下为公之说，至是乃不得不舍此而思其次。凡汉以下可得而论者，皆儒者之第二义也。二千年来，所影响于历史者，莫非此道。此余广论各篇之所为作也。则先汉经说之所由树立者，以周秦历史之衍变，自汉而下历史之所由为一轨范者，亦先汉经说所铸成。先后思想，与今学之不相离也如彼，而先后历史，与今学之不相离也如此。则舍今文不可以明子史，舍子史又何以明今文。自井研廖师析今古文之异同，拾遗珠于九渊，先汉经说，赖以复著。自迩以来，思想开拓，与日俱进，久晦之绪，益趋著明。方见经生师说之未竟其用于汉以后者，适有当于今世之政。此区区十数篇，既以先汉经说，为子史之中心，亦即中国文化之中心，复将以是示大法于将来，臻治道于至盛。以此申先师之义而广其说，岂徒明学，亦足兴治。夫通经致用，固今学之遗范。论古之事，原以衡今。是编之作，无事非究古义，亦无事非究将来。先哲之术，固将以为济世利物之用，岂苟为涂泽耳目之具哉。曰“为往圣继绝学，为万世开太平”，此固学人所应有事也，乌可自嫌谫陋，而遽谢其任重致远之责耶？惟是事义深广，浩莽无际。兹所论究，仅发其凡，亦拳石之于泰岱耳。念居平同游之士，英俊如林，亦将有不惮切磋，匡所未逮，而竟此宏业者欤。则此戋戋十数论者，固未尝无毫末之裨于方来之彦也。

目　录

本论五篇

儒家哲学思想之发展

言说者，义之诠、实之宾也。世变易则言益滋，言滋而义以爽、实以淆。故学之必明其变，而义则必极其精。先圣后圣，固有其揆之一。而辞既多端，名实交互，苟规规于一往之言，以概先后之义，则将以通之，适以窒之，将以明之，适以诬之。夫知说之变而不知义之一，不得为知学；知义之一而不知词之博，又乌得为知言耶！自三古以还，百家间作，或异名而同实，或异实而同名。必先通其意，明其变，不滞于言，有以知异非异、同非同，然后能异所异而同所同。言之同者旨或异，欲究其旨之一，乃反在辞之参差隔越者欤！譬之长江大河，放乎东海，虽首尾相属，然其流之曲折异向，固已百变，而曲折者，乃正其相属者也。况乎百家横义，错互其间，以击以守，相荡相激，有所辩必有所惩，有所变必有所困，阐发既宏，波澜壮阔，虽其始源于涓涓之水，而始末之间，语其深广，奚止倍蓰，倘因于百川者固多耶！孔孟之道，以惩于墨家，而后脱落于陈言;以困于道家,而后推致于精眇。子思、尼子浚其源,世硕、告子派其流,荀卿以法家乱之而滞于实,管书以道家汇之而沦于虚,义精于《大学》,旨邃于《系辞》,淮汉注江,洪涛直泻,斯观止矣。伏生而后,奥旨稍隐,韩婴、陆贾,诵习不废,刘向、许慎之间,典型犹在。仲舒、扬雄、王充始恣为异说,以骇俗取名高,儒之雄,罪之首也。爰叙而论之,质诸知言君子。

古 说

《乾·彖》曰:"乾道变化,各正性命。"《中庸》曰:"天命之谓性。"命与性恒并言之。然《诗》《书》多言命,罕言性。《大戴礼·本命》言:"分于道谓之命。"刘康公曰:"民受天地之中以生,所谓命也。是以有动作礼义威仪之则,以定命也。"以道、以中言命,此命之正义明诂。《召诰》曰:"节性,惟日其迈,王敬所作,不可不敬德。"《王制》言:"司徒修六礼以节民性。"则古之所谓性,犹后世之言情,故曰节性。《大戴礼·文王官人》言:"民有五性,喜、怒、乐、惧、忧也。"是古言性之明诂也。《论语》言"畏天命",曰"知天命",曰"不知命无以为君子",此《大戴礼》、刘康公之所谓命也。曰"性相近也,习相远也",此《召诰》之所谓性也。孔子固尊命,其言性非若后之谓性。原始命、性之说则然。始之言命、性,犹后之言性、情,此说之可求者。《周易》卦辞、爻辞言命不言性,命即后世所言之性也。惟古之哲学，恒依于宗教而不可分离，哲学中心思想之命，与宗教中心思想之命，亦混合而不分。故言命而死生、夭寿、吉凶之说随之。《召诰》曰："若生子，罔不在厥初生，自贻哲命。今天其命哲、命吉凶、命历年。"此纯以宗教言。曰哲命，则以哲学言，所谓中、所谓道也。哲命即天与人之善性，而仁义德教之所由生。哲学之天与宗教之天亦然，在孔子每如是，孟或仍如是；若曰"死生有命，富贵在天"，若曰"道之将行也欤命也"，"吾之不遇鲁侯天也"是也。天与命之界说，既相杂而不清，故来墨子非命之讥。墨子言天志，志者若天有人格，因人之善淫以降之殃祥，且寄视听于民以察伺之。志者谓可朝令而夕改，则不得有前定之论。此孟子以后言性而鲜言命，性之义一跃取命之实而代之，哲学亦离宗教而独立。"子不语怪力乱神"，亦是欲脱宗教而独立之意。孟子曰："形色，天性也。"《乐记》曰："民有血气心知之性。"斯犹取旧所谓性而用之。味色声臭，性也；仁义礼智，命也（依旧义）。然性也而实与"受天地之中"以俱，则非徒形色也，故君子不谓之性。命也而即"践形之极"，命之必傅于血气之质，故君子不谓之命也。形上、形下不可二，盖以恶夫告子"食色之性""生之谓性"之说，以其滞于器而不知道，夫然而后性之新说起。

子思 公孙尼子

老聃以“仁义，人之性欤”难孔子，此虽不必即孔老之事，要为道家之难儒家。则后之儒者，必思所以答老而申孔，然后始足以救儒。哲命之说，既邻于宗教之谓，故儒者纷纷然起而言性。孟子曰“性善”、曰“义内”，性非善，义非内，则仁义将失其根据，有“率天下而祸仁义”之忧。则倡性善之说，有势之不容已者。《诗》曰：“天生烝民，有物有则。民之秉彝，好是懿德。”此固性善之义，三代之遗训。而性善之说，则三古所未发，而孟子发之，时也，事之迫而然者也。子思先孟子作《中庸》，曰：“天命之谓性，率性之谓道，修道之谓教。”则性非但形色也，即“天之所以与我者”，是至善者也。“率性之谓道”，则仁义德教所从生，率性之性，已非节性之性也。戒慎恐惧，先有以养而无害，则喜怒哀乐，无发而非中节之和。此已开性善论之端，而大本已立。孟子之学，源于子思，而又以“本心”“良知”之说发挥而光大之，此孟子之进于子思者。曰：“诚者，不思不勉。”而愚夫与知、与能，则“性无有不善”；曰：“成己，仁也，成物，智也，性之德也。”以仁智言性，不同孔子以前之言性，而变为新说，自子思始，以下启孟子，此荀卿所由并罪思、孟者欤！《论衡》言：“周人世硕，以为人性有善有恶。举人之善性，养而致之，则善长；恶性养而致之，则恶长。……宓子贱、漆雕开、公孙尼子之徒，亦论性情，与世子相出入，皆言性有善有恶。”夫漆雕、宓子言性如此，而皆仲尼弟子，倘由“性近习远”之说以为是言，则“性善”之论，子思启之，孟子张大之审矣，而后论性之新说立。告子曰：“性无善无不善。”“性犹湍水，决诸东方则东流，决诸西方则西流。人性之无分于善不善，犹水之无分于东西。”告子之言，亦归本于仁义，是亦儒者也。盖告子之说，实亦本之“性近习远”之义。世子以之言“性有善有不善”，告子以之言“性无善无不善”，斯皆据旧之所谓性以为言也。《孝经说》曰：“命，人所禀受度也，性者生之质。”惟旧之说如是，故告子亦曰“生之谓性”“性者生之质”，然后“有善有不善”“无善无不善”之说生。世子、告子是亦欲展开孔氏之说，而终无当于孔氏之心。惟子思、孟子为能易仲尼之说，而有以发仲尼之旨。《乐记》言性之义，与《中庸》相近。梁沈约谓：“《乐记》取《公孙尼子》。”张守节亦云然。《意林》引《公孙尼子》云：“乐者，先王所以饰喜也；军旅者，先王所以饰怒也。”《初学记》引《公孙尼子》云：“乐者，审一以定和，比物以饰节。”语皆在今《乐记》中，则沈约所言有足信者。而《乐记》所言，与世硕之旨颇异。《论衡》言“宓子贱、漆雕开、公孙尼子论性情，与世子相出入，皆言性有善有恶”，是亦大概之辞，未必相同。故《申鉴》言公孙子曰“性无善恶”，适与王充之谓相忤。公孙尼子为七十子弟子，与子思盖同时。子思《中庸》以“喜怒哀乐未发谓之中”言性，《乐记》以“人生而静，天之性也”言性，故工夫在“戒慎乎其所不睹，恐惧乎其所不闻，莫见乎隐，莫显乎微，故君子必慎其独也”。以未发、以静言性，则性非徒生之质也。《中庸》曰：“天命之谓性。”此已并命于性而言之，所谓取命之实一跃而代之者也。形下实不离乎形上，器即宥于道之中，曰静、曰未发，皆就形上以言也。而孟子以良知、本心、四端明性善，则皆就已发言之。“形色，天性也”，即践形之谓圣人，则就动言之。此《中庸》《乐记》言之而未澈，至孟子乃推之于至精，此孟子之有进于子思者也。亦由《乐记》《中庸》据命以言性，曰静、曰未发，此天命之运于於穆者也，故子思、尼子之义则然。有子思而后可以启孟子，有孟子则置《中庸》《乐记》之说可也。子思直以“喜怒哀乐未发谓之中，发而中节谓之和”，由中而和，即“性之德也”。《乐记》以“感物而动”为“性之欲”，以“物诱而好恶无节”为嫌。则子思直启孟子之端，而尼子下接管书、荀卿之绪，则《中庸》《乐记》又稍异术也。亦由《乐记》合血气、心知以言性，而虑喜怒哀乐之无节，不无以物有挠己之嫌，则《乐记》之异于《中庸》审矣。公孙尼子言“养气”，孟子依之言“养浩然之气”，则又进于公孙也。《御览》引《公孙尼子》曰：“君子怒则自说以和，喜则收之以正。”此可证《春秋繁露·循天之道篇》养气之说，即公孙尼子之说。其书称公孙之养气曰：“怒则气高，喜则气散，忧则气狂，惧则气慑，凡此十者，气之害也，而皆生于不中和。故君子怒则反中而自说以和，喜则反中而收之以正，忧则反中而舒之以意，惧则反中而实之以精。夫中和之不可反如此，故君子导至气则华而上。凡气从心，心，气之君也，何为而气不随也。”是孟子所谓“志至焉，气次焉”，即公孙尼子之说。由养气而进于养浩然之气，则孟氏之益远矣。

孟　子

孟子曰：“性善也”，“义内也”，则“人皆可以为尧舜”。而人之不为尧舜比比，是安见其为性善？孟子则以心之实明之。本心也，四端也，良知良能也，以言其本，则“人无有不善，水无有不下”，“激而行之，可使在山，是岂水之性哉”？“口腹有饥渴之害，人心亦皆有害”，“陷溺其心”，“放其心而不知求”，“梏之反复，则其违禽兽不远矣”，岂人之性哉？“学问之道无他，求其放心而已矣”。“无为其所不为，无欲其所不欲”，则见“仁义礼智我固有之”。明其本心，以反其放心，虽“舍生而取义”可也。由存心而至于尽心，虽“贤于尧舜”可也。我固有之，复何待于他求。此孟子之说所以为精为备者也。诚以昔之言性者，固以人之所受命于天，曰生之质，则实未尝不挟气质以俱来，性、气俱而理、欲间杂乎其间，故《乐记》言“血气心知之性”，则言性固未足以舍非而就是。故必以“是非之心”“好恶之知”言之，言心、言知，则气之不善无不知，而性之至善不可混。《中庸》以“圣人之道，发育万物，峻极于天”，合天人于一，是犹依于命之说以立言，则亦不免道与物俱，理、气相间，亦必言知、言心，而后义内之旨立。故孟子虽以性善为说，而言性之说少、言心之事多，正以济说性之难而易之以本心也，殆亦有所困而不得不然者也。由是世硕、告子以来之争言性，变而为管书、荀卿以后之争言心，此孟子之所以截然划分时代者也。

荀　子

统血气、心知以言性，统本心、放心以言心，则曰善可也，曰未善亦可也。此荀卿所由有“性恶”之说。孟子以本心言性善，荀卿之言性恶，实由其不知本心，而合本心、放心以言心，则徒见觉知之灵、云为之用，心无善则性亦无善也。夫卿之说，既以性为恶也，则仁义乌乎出？故以性恶论荀卿之学，则不足以尽荀卿。卿学之所由立，在《解蔽篇》之言心。其言曰：“心者，形之君也，而神明之主也，出令而无所受令。……故口可劫而使墨云，形可劫而使屈申，心不可劫而使易意，是之则受，非之则辞。”斯荀氏之说亦美矣。“受是辞非”之旨，与孟子“是非之心，人皆有之”之旨同乎？曰不同。孟子曰本心、曰良知，此是非之心，斯天之所以与我者，不学不虑，而资焉以立仁义者也。荀卿曰：“心不可以不知道，心不知道，则不可道而可非道。”于是知卿所言之心非本心，而实并放心言之。则其所谓心，惟觉知之明，无德性之实。夫本心者，道之所由生，舍是心而道乌乎本？此率天下而祸仁义之说也。曰："人何以知道？曰心。心何以知？曰虚壹而静。心未尝不臧也，然而有所谓虚。心未尝不满（杨注"满当为两"，是也）也，然而有所谓一。心未尝不动也，然而有所谓静。……虚壹而静，谓之大清明。万物莫形而不见，莫见而不论，莫论而失位。……明参日月，大满八极，夫是之谓大人。"荀氏不信本心之善，而疑心之不足恃，必先有以理其心、解其蔽，然后可以察万物而稽治乱。荀卿之学于是乎入于道家之学也。其引《道经》曰："人心之危，道心之微。"荀氏宗《道经》，杂人、道于一心以言心，宜其自疑其心之不足以出仁义，必先虚静以持之，而后察物明。孟子以本心为善之所由生，放其心而后求。荀氏先持之以虚静而后理可察，其视孟子则本体、工夫为倒置也。毫厘之差，而致千里之隔。故又曰："则广焉能弃之矣，不以自妨也，不少顷干之胸中，不慕往，不闵来，无邑怜之心，当时则动，物至而应，事起而辨，治乱可否，昭然明矣。"此有似告子之"不动心"，所谓"不得于言，勿求于心"者也。若孟子之"不动心"，则曰"以直养而无害"，"是集义之所生"，"行有不慊于心则馁"。惟其本于四端万善之心，行而慊于心，斯所谓集义也，不慊于心则害也。直养者，复其心之本焉耳，夫如是然后可言"心勿忘，勿助长"。此阳明所谓："釜有所烹，然后见不及也则谓之忘，见过也则谓之助，故必先曰必有事焉。"荀氏不以心之具四端万善者言心，则徒洞洞烛烛之心，而曰“不慕往，不闵来”，此真阳明所讥空釜之煮。荀卿之所事，正老氏之所谓“希夷”，而庄生之所谓“死灰”者也。斯胥由荀氏不知本心之良，并人、道以言心，徒见洞洞烛烛之心灵，而未见至赜不乱之心理。罗整庵所痛悔致力于心之灵而非性之理者，正以此耶！于是孟子之学有本，而荀氏之学为无本也。荀氏所谓之心，与孟子所谓之心，名则同而事则异；惟其不知性之本善、知之本良。所由孟子养心主于勿害其直，荀氏养心主于勿蔽其明；勿蔽其明，然后足以“化性”而“起伪”。知荀氏之所谓明，亦空无之影，而非恻隐、辞让之实。刘子政难性恶曰：“则人之为善安从生？”斯真一语而破的者欤！惟荀卿徒知洞洞烛烛虚明之心，而不欲少顷干之，故曰：

> 人心如槃水，正错而勿动，则湛浊在下而清明在上，则足以见须眉而察理矣；微风过之，湛浊动乎下，清明乱于上，则不可以得大形之正也。心亦如是矣，故导之以理，养之以清，物莫之倾，则足以定是非、决嫌疑矣；小物引之，则其正外易，其心内倾，则不足以决庶理矣。故好书者众矣，而仓颉独传者，壹也；好稼者众矣，而后稷独传者，壹也；好乐者众矣，而夔独传者，壹也；好义者众矣，而舜独传者，壹也。……自古及今，未有两而能精者也。

斯言也，以明其“虚壹而静”之旨，若有合于“主一无适”之训，然实异其理也。夫人心未尝不动也，而欲以静持之，此道家之谬也。其曰：“心未尝不动也，然而有所谓静”，颇似于《易传》“寂然不动，感而遂通天下之故”之说，而又不然。静以言心之体、动以言心之用可也。然体之静非我可得而动之，用之动非我可得而静之，荀氏欲措心用于不动，得乎？不得乎？故其说似《易传》而大非也。荀氏曰：“空石之中有人焉，其名曰觙。其为人也，善射以好思，耳目之欲接则败其思，蚊虻之声闻则挫其精，是以辟耳目之欲而远蚊虻之声，闲居静思则通。思仁若是，可谓微乎！”此正荀氏之入于道家者也。《易》曰：“闲邪存诚。”诚者我所固有，闲邪而诚自存，故孟子亦尝言养心、养气也。而养之之方则“无以饥渴之害为心害”，毋之“梏亡”而已也，此孟子之养气也。“寡欲”，此孟子之养心也。若荀氏者，必将无欲而后已。欲无，已欲也；闻无，已闻也。荀氏养心之说，于是视孟子之说若尤精而实大粗，则已远于孔子之传而入于老氏之域。《庄子·天道篇》：“万物无以铙心者，故静也。水静则明烛须眉，平中准，大匠取法焉。……夫虚静恬淡、寂寞无为者，天地之平而道德之至，故圣人休焉。休则虚，虚则实，实则伦矣；虚则静，静则动，动则得矣。”曰伦、曰得，庄生之言亦美矣，而终不足以明庶物、察人伦。荀卿曰虚、曰静，于是庶物明、人伦察而仁义立，此又荀学出于道家而高于道家者也。荀之

《天论》《礼论》《性恶》，皆邻于申、商之途，而其所以立仁义者，实又出于老、庄之旨，盖明不足以知孔、孟之微，而彷徨以乱采索之旨，激而攻难孟子之义，亦可悲也。由荀学言之，则宋明诸儒之知孟子者盖寡，其不陷于荀氏之论者无几，则亦阳孟而阴荀者欤！后之随声而言孟、荀者，斯亦盲人而语日星之类也。

管　子

《管子》书有《心术》上下及《内业》一篇，亟言性道之旨。其所汲汲以论者，曰心、曰意、曰知、曰物、曰止、曰定、曰静、曰虚，皆《解蔽》所常论，殆作者与荀氏时相先后。若曰"夫心有欲者，物过而目不见，声至而耳不闻"之类，皆见一世之所研者在此，谅其作书时代与荀卿相接。其持论旨要，殆亦由道家之旨而入于儒家者乎！其言："天曰虚，地曰静，乃不伐。"又言："必知不言无为之事，然后知道之纪。"又言："虚者，万物之始也，故曰可以为天下始。"是皆道家之旨也。其曰："道在天地之间也，其大无外，其小无内，故曰不远而难极也。"尤与屈原之言符同。《远游》之词曰："道可受兮不可传，其小无内兮其大无垠。无滑而魂兮彼将自然，壹气孔神兮于中夜存。虚以待之兮无为之先，庶类以成兮此德之门。"此宜为《心术》之篇义所自出，是道家诚楚人之旨也。《心术》又曰："正人无求之也，故能虚无。虚无无形谓之道，化育万物谓之德，君臣父子人间之事谓之义，登降揖让贵贱有等亲疏之体谓之礼，简物小末一道杀僇禁诛谓之法。”又曰：“义者，谓各处其宜也；礼者，因人之情、缘义之理而为之节文者也。”其要归乎礼义，故曰道家而入乎儒者也。其由虚壹之义以入乎礼义，与荀卿同。荀主于虚以观物、以察理，此主于虚以应物、以裁物，则与荀异。荀疑于理义之不由心，故观物以察理。此曰“静乃自得”，曰“心之在体，君之位也。……心而无与于视听之事，则官得守其分也。”不汲汲以察理为事，是以静自中理，无待外求，诚视荀氏之见为优。其曰：“恬愉无为，去智与故，其应也非所设也，其动也非所取也，过在自用，罪在变化。是故有道之君，其处也若无知，其应物也若偶之，静因之道也。”其解曰：“因也者，舍己而以物为法者也，感而后应，非所设也，缘理而动，非所取也。过在自用，罪在变化，自用则不虚，不虚则仵于物矣，变化则为生，为生则乱矣。……君子之处也若无知，言至虚也；其应物也若偶之，言时适也。……故物至则应，过则舍矣。舍矣者，言复于虚也。”此其精义之不刊者，有不须防检安待穷索之趣，颇似于明道程氏之旨。明道之言曰：“人之情各有所蔽，故不能适道，大率患在自私而用智，自私则不能以有为为应迹，用智则不能以明觉为自然。……圣人之喜，以物之当喜，圣人之怒，以物之当怒。是圣人之喜怒，不系于心而系于物也。是则圣人岂不应于物哉，乌得以从外者为非而更求在内者为是也。”此明道能破千古长夜之论。自私用智，则过在自用之义也；圣人喜怒不系于心而系于物，则舍己而以物为法之义也。应物而不滞于物，过则舍之，非以内外为二本，是《心术》一篇，于明道之义为近，此其仁义之所由生，故视荀卿之学为能得其本。《天下篇》言慎到“弃知去己，而缘不得已，泠汰于物，以为道理”。文义颇合于此静因之道，岂管书有取于慎到之言耶！《心术》又曰：“心之中又有心，意以先言，意然后形，形然后思，思然后知。”又曰：“心以藏心，心之中又有心焉，彼心之心，意以先言，意然后形，形然后言，言然后使，使然后治。”以心之中又有心言意，则其所以启《大学》“诚意”之说，而阐荀卿未至之义，宜孟子言心之后，莫美于《内业》《心术》之言心也。此数篇者，莫不亟亟言心。曰：“宫者谓心也，心也者，智之舍也。”曰：“专于意，一于心。”曰：“凡心之形，自充自盈，自生自成，其所以失之，必以忧乐喜怒欲利，能去忧乐喜怒欲利，心乃反济。”又曰：“我心治，官乃治，我心安，官乃安，治之者心也，安之者心也。”其言学以心为主，同乎孟氏，而以意言心，其义益精，为足发明孟氏者也。其曰：“是故意气定然后反正，气者身之充也，充不美则心不得。”盖亦源于孟氏“气一动志”之说。其曰：“凡民之生也，必以平正，所以失之者，必以喜乐哀怒。节怒莫若乐，节乐莫若礼，守礼莫若敬。外敬而内静者，必反其性。”此其养气之说，又上接乎公孙尼子养气之论与《乐记》之所谓。其曰“圣人之道，若存若亡，与时变而不化，应物而不移，日用之而不化”，又曰“罪在变化”，是即《乐记》“物至人化”之言。《乐记》以“物诱智知”为嫌，此数篇者，一则曰：“执一之君子，能君万物，日月之与同光，天地之与同理，圣人裁物不为物使。”再则曰：“物至则应，过则舍矣。”再则曰：“化不易气，变不易智，惟执一之君子能为此乎？执一不失，能君万物，君子使物，不为物使。”是《乐记》物诱之论，此则以使物、裁物、应物解之，斯其一源，事自显白。其曰：“天之道虚其无形，虚则不屈，无形则无所低趆，无所低趆，故遍流万物而不变。”又曰：“毋先物动，以观其则，动则失位，静乃自得。”解曰：“静则能制动矣，故曰静乃自得。”斯则所以致裁物、使物之效。其曰：“无以物乱官，无以官乱心。”斯皆主乎心治而官治，心君而物役也，故其能合内外之道也。其所汲汲以论者固与荀同，而此言虚静以应物，缘理而动，荀言虚静以观物、以定然否，见其为学，略先于荀，荀似密而意已支。其立论虽以心为主，而不以四端、良知、良能言心，则学虽近于孟子，而其端绪究异。是其学接于孟氏而义未至，论类于荀卿而旨尤高，则以仍本于道家之说，而有窥于儒者之真，殆远绍公孙尼子之徒、《乐记》之说，多与明道之旨相表里。斯虽不尽合于洙泗之绪，要亦战国末季豪杰之士，视庄、荀辈为深远也。

大 学

孟子以本心明性善，而并言放心，夫心固如是也。荀卿并人心、道心以言心，不知心之本善，遂以言性之恶，其祸仁义有过于世硕、告子者，斯固儒者之大忧也。荀徒断断以争性善，而于人、道之皆出于一心实无以易之，则仍曰性、曰心云者，其终不足以服荀卿而明儒者之学、护孟子之义，亦势也。斯后之儒，不可不思所以易其说，而《礼·大学》出焉。《大学》者，后荀卿而张孟子者也。曰止，曰静，曰虑，曰得，皆荀卿揭橥以论者也。曰："心有所忿懥、恐惧、好乐、忧患，则不得其正。"此荀氏所汲汲于解蔽而倡虚壹而静、养之以清者也。曰："心不在焉，视而不见，听而不闻，食而不知其味。"此正荀卿所谓"心不使焉，则白黑在前而目不见，雷鼓在侧而耳不闻"。斯即依荀氏之所以言心者以言心，则心之必有待于正。而曰"欲正其心，先诚其意"。意者心之本，几先而微者也，正孟子之所谓本心，"乍见孺子"之心也。岂惟"爱亲、敬兄"者是，"好好色、恶恶臭"者亦是。"不屑不顾"者是意，"为宫室妻妾"则非意也，是放心也。"所欲有甚于生"，"所恶有甚于死"，著于意而不容已焉，夫然后"由是则生而有不用也，由是则可以辟患而有不为也"，夫是之谓"诚意"，意诚则"自慊"。好恶者，昔人之所以言情，以好恶而明仁义之所由生，岂曰性善而情亦善？森然于中而不容自欺者意也，此"诚者，天之道也"。"勿自欺"斯为诚意，此"思诚者，人之道也"。以言乎"舍生取义"，则尚可容舍择于其间，知与行犹为二。此王充所由难陆贾"虽能察之，犹背礼叛义"，以疑性善者也。以言乎"好好色，恶恶臭"，则无所容于舍择，而知行已合一。视荀言心，"容其择也无禁必自见"，不啻已霄壤之殊乎！然曰心，曰意，曰知，曰物，亦荀卿揭橥以论者也。荀卿曰："心不可劫而使易意，是之则受，非之则辞。"推心以及于不可易之意，亦荀氏之言也。而荀氏于心，必养之以虚静，是已自疑其好恶之不必于中节。《大学》则信意之可依以为仁义，意无有不正，意本而心末、意诚而心正也，尚何待于养，惟不自欺已耳，此《大学》之绝异于荀卿者也。荀卿必"养之以清"，此荀卿之自诬其意也。荀氏曰：

> 欲不待可得，而求者从所可。欲不待可得，所受乎天也；求者从所可，受乎心也。……人之所欲，生甚矣；人之所恶，死甚矣。然而人有从生成死者，非不欲生而欲死也，不可以生而可以死也。故欲过之而动不及，心止之也。心之所可中理，则欲虽多，奚伤于治？欲不及而动过之，心使之也。心之所可失理，则欲虽寡，奚止于乱？故治乱在心之所可，亡于情之所欲。

孟子以"所欲有甚于生，故舍生而取义"，取义亦欲也，是亦“是之则受，非之则辞”之意而已。荀子于“从生成死”，不以为依于欲、本于意，而曰在于心，心又不可恃，又必先养之以清，故曰“心何以知道，曰虚壹而静”。此荀之不知意为本而求之心，心不可以为本，又先之以清，而后心可以察理审、观物明。此孟之说径而切，荀之说隔而疏，《大学》之即诚意而心正为善发孟子、为能宗孟子者也。孟子说“气也，而反动其心”，以言乎心则有动，以言乎意则不易。此正《大学》之宗孟子而有进于孟子，用荀卿而善拨荀卿者也。荀之言学，亟重于知。曰：“凡以知，人之性也，可以知，物之理也。”荀之学，既不知本心之所以生礼义，自必先明其心、澄其知，以求察于物理。故曰：“观物有疑，中心不定，则外物不清。吾虑不清，则未可以定然否也。”又曰：“心枝则无知。”荀氏必以理之在物而不在心，欲不枝其心、壹其心以精其知，此真告子“义外”之见也。告子曰：“彼长而我长之，非有长于我也，犹彼白而我白之，从其白于外也。”此观物以定然否之论也。孟子曰：“不识长马之长也，无以异于长人之长欤。且谓长者义乎，长之者义乎。”正所谓“考其善不善者，于己取之而已”。荀氏之学，察理于物，故惧心有所倾、知有所蔽，而清、虚之功为先。《大学》以礼义即生于吾意之好恶，皎皎于中，自不容有所蔽，复何事于清、虚。《大学》言“知止而后有定，定而后能静”，殆正以驳荀氏虚静为先之旨。而言“格物”者，又正以救物诱、裁物之言也。孟子依不屑不顾之实以言心，而荀之言心，徒以知觉虚灵之用也；《大学》以好好色、恶恶臭言意，意诚而心正。荀氏既以受是而辞非言意，又必先有以理其心而后意之是非可道。则亦徒知意之作用，而不以意之好恶即天与之善。是荀言意之不同于《大学》，亦犹其言心之不同于孟子，此《大学》之能发孟子之微意也。《大学》诚意之功曰慎独、自慊。慎独者，思、孟之要，旨明而毕具于斯，此《大学》之能得思、孟之统者乎！《大学》言意，知者意之知，而物者意之物，知与物无或离，故好与恶无或泯。以知接物而好恶者意，一格物而知已致、意已诚、心已正，本自一事，一了俱了。若荀氏之说，则理在物而未易知，意诚也而物未必格。《大学》为好恶之知，而荀卿为明察之知，此正阳明所谓“德性之知”与“闻见之知”，是所谓知者又不同。荀言役物，以恶于物之足以挠己，《大学》言“格物”，以明物与知之不可二。荀恶知之有蔽，《大学》言“致知”，以明知不可蔽，推致其固有之明于事物之间而已耳。此《大学》用荀氏，而义则大异于荀氏者也。

易　传

《易·系辞》曰：“颜氏之子，其殆庶几乎，有不善未尝不知，知之未尝复行也。”《易·系辞》《礼·大学》其言足相表里，未尝不知知之体然也。此颜氏之子与众人同，故“小人厌然，掩其不善而著其善”，以不善未尝不知也。物格而知致、意诚，则颜氏之好学，所由与众人异也。未尝不知，则不容自欺之体，夫岂有所蔽。知而复行，非知之罪也，虽复行而已则未尝不知，知不可蔽、意不可易也。此《礼·大学》《易·系辞》言知之足以发孟子而大异于荀氏者也。《系辞》曰："一阴一阳谓之道，继之者善也，成之者性也。仁者见之谓之仁，智者见之谓之智，百姓日用而不知。"惟其继之者善也，日用而不知，所以有不善未尝不知也。惟继道者为天与之善，天与之善，惟性惟能成之，外形色而善亦无由见，此《系辞》之最善说孟子者也。未发之善，惟已发之性足以成之；惟性之善，故百姓日用而不知。有不善未尝不知者，正以拂乎日用不知之善而有不慊，故未尝不知也。性善之著实处，即以知之不能自欺。其曰："寂然不动，感而遂通天下之故。"感而通者，正心知无间断、无避匿。朱子谓："事物未至，思虑未萌，一性浑然，道义全具。其所谓中，乃心之所以为体而寂然不动者也；及其动也，事物交至，思虑萌焉，则七情迭用，各有攸主；其所谓和，是乃心之所以为用，感而遂通者也。"此《中庸》《系辞》之义，与孟子性善之旨一贯，而皆所以发明心之体、知之体而无或有间也。曰："形而上者谓之道，形而下者谓之器。"此正子思、孟子以来言性所欲发而未得者，《系辞》乃明言之，此其所以为卓绝精微者耶！道家以有形为粗迹，荀氏聆其说，故有己为物役、重己役物之论，正由不知形上、形下之无间。"有物有则"，形下之谓物，形上其则也。惟物之有则，故践形、尽则之谓圣人，岂以物为外而足以累乎心耶！“宇宙即是吾心，吾心即是宇宙。”言物则莫非所知，所知则莫不皆物，知、物不可离，则安得以知为物累。因遗物以澄知，是诚道家之妄，而《心术》《解蔽》之惑也。法家者流，以较量于事物之际，而未达人心本然之理，故滞于有。道家者流，以物诱为累，遂遗物而游心于虚无之乡，不达宇宙、吾心之不可二，故沦于无。荀卿之学，源于法家，性恶之论、察物之说，皆法家言，此儒之邻于法者也。《管书·心术》源于道家，虽归于礼义，有合于儒家，而裁物、使物之论，终不免心与物对，此儒之邻于道者也。是皆未晓然于形上、形下之旨，故终不得合于圣道之正。儒家之高于道家，孟子之高于荀卿，端在是耳。由本心、诚意之说，于四端之善扩而充之，火始然，泉始达，以极于放之四海而准，此儒家之正义，所谓“自诚明”也。明道曰：“与其是外而非内，不如内外之两忘，两忘则澄然无事，尚何应物之为累。”是由道家物累之说而一变至道，此犹同归而殊途之义，所谓“自明诚”也。入圣之学，原有二途，故由道家可进于儒学之正，而法家终不免世俗之见。则道家固优于法而于儒为近也。《易传》析义之精，为儒宗之正，而多陈天道，迹近老庄。自思、孟接于荀卿，凡所研讨，虽义有正否，而相承之迹，较然可见。《易传》义虽精至，似别为统绪，若与思、孟不相闻接，谅易学别为儒学之行于南方者。诸子征《易》辞，始于荀卿，荀氏亦征《道经》，当为荀卿所受于楚人之传，卿每并称仲尼、子弓，知即传《易》之楚人馯臂子弓；殆至战国末期，而《易》始显于中国，其为儒家之别支，固无足异。然《易传》十篇，无叛于洙泗之旨，则子弓诚不失儒家之传，而荀卿者翻子弓之罪人也。

汉儒上

伏生《尚书大传》曰："心之精神是谓圣。"夫放其心、失其心者，此不尽其心者也。心之精神，则尽心也。此足以阐明孟子之说。陆贾之书曰："天地生人也以义理之性，人能察己所以受命则顺，顺之谓道。"此犹诵法《中庸》之言也。秦汉之间，学犹未坠。刘子政曰："性，生而然者也，在于身而不发；情，接于物而然者也，出形于外。"盖伏、陆之后，儒学渐昧，孟子之精深，为庸庸者所不能知，而荀卿之偏激，又非其所愿，于是依公孙尼子之说，以立性善而情不必善之论，一世儒学，大抵若是。子政以不发言性，正《乐记》以静言性之义也。漆雕、宓子未必即与世硕同符，要与公孙之徒论不相远。谅在晚周，此说为盛，两戴记足见也，故在汉亦然。庸庸之论固未精，亦无大过，固可持之以与中人。惟子政于《新序》五言："凡学非能益之也，达天性也。能全天之所生而勿败之，可谓善学者矣。"此则深晓于孟氏性善、固有之论。老子曰"为学日益"，而子政曰"学非能益"，是善言学者，诸儒固未有几及子政者也。独《大学》以来，言意、言知之绪，至是而斩。伏生舍是而反之于言心，则去《大学》犹近；陆贾以后韩婴、刘向之徒，更舍心而反诸言性，则去《大学》益远。虽说未背于圣人，而精义以日晦，岂非秦人坑焚六籍之过哉！雅音渐微而郑、卫竞作，于是董生、扬雄、王充辈，肆为异议，无所忌惮，而道几替矣。董子《实性》言：

> 善如米，性如禾，禾虽出米，而禾未可谓米也；性虽出善，而性未可谓善也。米与善，人之继天而成于外也，非在天所为之内也。天所为有所至而止，止之内谓之天，止之外谓之王教。王教在性外，而性不得不遂，故曰性有善质而未能为善也。……天之所为止于茧麻与禾，以麻为布，以茧为丝，以米为饭，以性为善，此皆圣人所继天而进也，非性情质朴之所能至也。

董生之说，几何不入于戕贼杞柳以为杯棬？既曰王教在性外，则仁义礼智皆由外铄，非我固有之。充董生之说，安在性善而情恶，直曰性无善可也。韩婴论性，则视董为精。《韩诗外传》五言：

> 茧之性为丝，弗得女工燔以汤沸，抽其统理，不成为丝。卵之性为雏，不得良鸡覆伏孚育，积日累久，则不成为雏。夫人性善，非得明王圣主扶携，内之以道，则不成为君子。《诗》曰："天生烝民，其命匪

谌。靡不有初，鲜克有终。”言惟明王圣主然后使之然也。

董以善为王教，在性外，而性未可谓善；韩以善固性，惟俟王教以成之，此率性修道之义。善之于性，一外一内，二子之说，其相去远也。班书《婴传》谓：“其为人精悍，处事分明，仲舒不能难也。”由斯而言，岂止精悍分明之谓，其于性道之旨，识之高下，见之浅深，相去固远矣。《韩诗外传》八则陈义益粹。其言：

子曰：“不知命无以为君子。”言天之所生，皆有仁义礼智顺善之心，不知天之所以命生，则无仁义礼智顺善之心，无仁义礼智顺善之心，谓之小人，故曰“不知命无以为君子”。《小雅》曰：“天保定尔，亦孔之固。”言天之以仁义礼智保定人之甚固也。《大雅》曰：“天生烝民，有物有则。民之秉彝，好是懿德。”言民之秉德以则天也，不知所以则天，又焉得为君子乎！

盖孟氏之旨，韩生固得其至者，此其为说，殆本之陆贾，其文可按也。董生《深察名号》曰：“名性者，不以上，不以下，以其中名之。”《实性篇》又曰：“圣人之性，不可以名性；斗筲之性，又不可以名性；名性者，中民之性。中民之性，如茧如卵，卵待覆二十日而后能为雏，茧待缲以涫汤而后能为丝，性待渐于教训而后能为善。善，教训之所然也，非质朴之所能至也。”斯不特以善为外铄，又为此“性三品”之陋说，则义益卑也。《淮南·泰族》亦取卵雏茧丝之喻，文同《韩诗》，是刘氏诵习韩义，识过董生。其《齐俗训》曰：

> 原人之性，芜秽而不得清明者，物或堁之也。……三月婴儿，生而徙国，则不知其故俗。由此观之，衣服礼俗者，非人之性也，所受于外也。夫竹之性浮，残以为牒，束而投之水则沉，失其体也。金之性沉，托之于舟上则浮，势有所支也。夫素之质白，染之以涅则黑；缣之性黄，染之以丹则赤；人之性无邪，久湛于俗则易，易而忘本，合于若性。故日月欲明，浮云盖之；河水欲清，沙石濊之；人性欲平，嗜欲害之，惟圣人能遗物而反己。夫乘舟而惑者，不知东西，见斗极则寤矣。夫性亦人之斗极也，有以自见也，则不失物之情；无以自见，则动而惑营。

是《淮南》固以人之性善，以视董书《深察名号篇》所谓“天两有阴阳之施，身亦两有贪仁之性”，知董生之诚未足以比于韩氏，且亦未足语于《淮南》之列也。《淮南·本经》之言曰：“神明定于天下而心反其初，心反其初则民性善。”斯亦孟氏以本心明性善之旨也。虽然，《淮南》性善、物堁之论，犹是《心术》《解蔽》袭道家之陈言，故仍主于虚静之说。韩氏“有物有则，好是懿德”之训，斯固儒家之明旨。则森然于物，而好恶昭然于心，乌有外物挠己之嫌；与知相对皆物也，岂容有遗物之论乎！是《淮南》虽有取于韩氏，而终囿于道家，诚不得与韩氏并。董生以习闻荀氏之说，而妄操两可之辞。《论衡》言："仲舒览孙、孟之书，作情性之说，曰：'天之大经，一阴一阳；人之大经，一情一性。性生于阳，情生于阴；阴气鄙，阳气仁。曰性善者，是见其阳也；谓性恶者，是见其阴者也。'"汉代异说，皆自董生启之，智不足以烛荀氏之非，固其所短；然董书无物堁之论，则固未沦于道家之域，犹有儒之典型。是董与《淮南》之失惟均，又未可谓董失而刘得也。

汉儒下

《齐诗》家翼奉言："五行在人为性，六律在人为情。性者，仁义礼智信也；情者，喜怒哀乐好恶也。……情胜性则乱，性胜情则治，性自内出，情自外来，情性之交，间不容系。"夫以仁义礼智信言性，此即孟子以四端言性善之说，荀氏无此旨也。曰"情胜性则乱，性胜情则治"，则性之善可知也。"蹶者趋者是气也，而反动其心"，此之谓"情胜性"。"志，气之帅也；气，体之充也"，此之谓"性胜情"。"性自内出"，则"仁义礼智非由外铄我也，我固有之"之说也。"情自外来"，则《乐记》所谓"感于物而动，性之欲也，物至智知，然后好恶形焉"之说也。好恶者，固昔人之所谓情也。《论衡》亦言："性，生而然者也；情，接于物而然者也。”是感物而动之谓外来，故《易》疏言感物而动谓之情也。夫《齐诗》固言“六律在人为情”，在人，则非自外来也。然言“五行在人为性，六律在人为情”，似若二源对立，一内一外，事若宾主，然非此谓也。《孝经援神契》言：“性者生之质，人所禀受；情者阴之数，内傅著流通于五藏。故性为本，情为末；性主安静，恬然守常，情则主动，触物而变；动静相交，故间微密。”是则虽情主动，触物而变，若自外来，而实傅性，一本一末，流通五藏者，实依于生之质也。“性主安静，恬然守常”，则《乐记》“人生而静，天之性也”之说。性本情末，故《白虎通》引《礼运记》言：“六情所以扶成五性。”情傅于性，故得有扶成之用。贺玚云：“性之于情，犹波之与水，静时是水，动时是波，静时是性，动时是情。”《乐记》云：“人生而静，天之性也，感于物而动，性之欲也。”性之欲则情也，荀卿亦如是言。《正名篇》曰：“性之好恶喜怒哀乐之谓情。”《天论篇》亦云：“好恶喜怒哀乐藏焉，夫是之谓天性。”是则静之谓性，藏之谓性。《大戴礼》注言：“喜怒欲忧惧，以其俱生于人而有常，故亦谓之性。”此亦“恬然守常”之说，而常之谓性。性固有常，情则须节，盖释性、欲、情自昔皆如是说。以斯六者为情，尤无或异。惟荀卿不以五者之说言性，而昔人固又无不如是也。《钩命诀》曰：“情生于阴，欲以时念也；性生于阳，以就理也。阳气者仁，阴气者贪，故情有利欲、性有仁也。”斯亦“性善而情未善”之说也。（《援神契》言“情生于阴以计念，性生于阳以理契”，与《钩命诀》意同。计念、时念之意颇似释氏之说七识。《易》疏：“随时念虑谓之情。”《礼·乐记》疏：“因物念虑谓之情。”正末那识也。)《说文》言：“情，人之阴气有欲者”，“性，人之阳气性善者也。”先师无不以仁义礼智释性，即无不主性善；以好恶喜怒哀乐释情，即无不主情之未善；此其大较也。《易》疏言“性者，天生之质，正而不邪”，尤显为性善之论。则翼氏而下，至汉末之许、唐初之孔，性善之说，未之或昧。“性善而情未善”，其所以为说，原本之《乐记》“好恶无节于内，智诱于外，不能反躬，天理灭矣”。反躬而后性胜其情。孟子曰“物交物则引之而已”，即斯义也。孟子又曰“心之官则思，思则得之”，则所以充四端而节六情者心也，人之所由能反躬者也。曰本心，性也；曰放心，情也。性善而情未善，孟子、《乐记》亦如是而已。王充言：“人五藏以心为主，心发智慧而四藏从之。肝之为善，肺之为怒，肾之为哀，脾之为乐，故圣人节之，恐伤性也。”此《援神契》“情者阴之数，内傅著流通于五藏”之说，而主之以心。《淮南》亦言：“心者，五藏之主也。”仲舒言性、情，亦大约同他之经师，其曰：“栣众恶于内，弗使得发于外者，心也，故心之为名，栣也。”亦孟子“心之官则思”之说。故曰汉师之说虽不必得孔、孟之精微，然典型犹在，未尝离孔、孟之说而以异派之说参之。即荀卿性恶之说，亦未见有称引之者。陈乔枞曰：

> 六律在人为情，诸儒多未阐明。……《乐记》曰：乐者，音之所由生，其本在人心之感于物。是故哀心感者，其声噍以杀；乐心感者，其声啴以缓；喜心感者，其声发以散；怒心感者，其声粗以厉；敬心感者，其声直以廉；爱心感者，其声和以婉。六者非性也，感于物而动。……《乐记》所谓感者，指六情而言。……是则六律通乎六情明矣。翼氏言观情以律，此类之谓也。

仲舒欲调和于荀、孟之间，《论衡》谓仲舒作性情之说曰："天之大经，一阴一阳；人之大经，一性一情。性生于阳，情生于阴；阴气鄙，阳气仁。曰性善者，是见其阳也；谓性恶者，是见其阴也。"虽欲折中孟、荀，而阴阳、性情、仁鄙之说，亦与并世之说同符，无他义也。则董亦主"性善而情未善"，而又以情未善之说疑性善之说，得为通义乎？斯更出荀氏以情未善而言性未善之下也。然主"性仁情鄙"，故曰典型犹在也。扬雄、王充、荀悦义悖而说益粗。扬雄曰："人之性也善恶浑，修其善则为善人，修其恶则为恶人。"王充曰："论人之性，实有善有恶。孟言性善者，中人以上也；荀言性恶者，中人以下也；扬雄言善恶浑者，中人也。"荀悦言："有三品焉，上下不移，其中则人事存焉耳。"是诸说者，皆不出公都子所问，孟子已辞而辟之，扬、王辈又欲煽其余烬，可谓惑矣。王充之论，即本之仲舒，而荀悦又从而道之。三家之说虽有若参差，而大体未始有异。至荀谓："或曰仁义性也，好恶情也，仁义常善，而好恶或有恶，故情有恶也。""或曰：人见利而好之，能以仁义为节者，是性割其情也，性不能割其情，则情独行为恶矣。"凡荀所述"或曰"之义，即汉代师儒之恒说，荀必举而破之斥之。董、扬以来创为异说，其旨诚卑，亦由一代传统之说无精辟之见有以召异儒之侮耳。一世言性善而情不善，则性与情若不相俪，故刘向言"性情相应"以弥缝之；一世言"性阳情阴"，而刘向言"性阴情阳"以济之。而子政之言，亦未能精澈，故荀氏且依之以并排孟、荀。贾谊以"性，神气之所会也"，而荀悦言性，谓："凡言神者，莫近于气，有气斯有形，有神斯有好恶、喜怒之情矣。"是其为说，亦取于贾生。然贾生之论曰："性者道德造物，物有形而道德之神专而为一。"贾生之说多合于屈原，未必即邹鲁儒家之训，而以道德造物言性，是以造物之始，道德与性谐也，固可通于性善之义。则仲豫所以本之贾生、刘向者，翻大背于贾生、刘向也。董、扬、王、荀，恣为异论，以乱孟氏之说，而董固典型犹在，扬子以下，直自《桧》之无讥，斯学自至东京而大讹也。扬雄、王充，并性善情未善之旨亦不及，荀悦又并性善而情未善之说而攻之，更出董生下，并典型而亡之，固不足论也。

既知先秦、两汉间说性、情之歧义与定诂，则于《中庸》《大学》之义尤易得其谛解。夫知喜怒哀乐所以言情，而喜怒哀乐藏焉之谓天性，则《中庸》所谓"喜怒哀乐之未发谓之中”,其义即“情未发谓之性”。又《乐记》曰“人生而静,天之性也”,亦以情之未发言也。戒之于不睹不闻,极之于无声无臭、何思何虑,则《中庸》《乐记》之说固亦未足比于孟氏,而况汉之人乎?《淮南子·人间训》曰:“清静恬愉,人之性也。”又《原道训》曰:“人生而静,天之性也;感而后动,性之害也。物至而神应,知之动也。知与物接而好憎生焉,好憎成形而知诱于外,不能反己而天理灭矣。”斯皆袭《中庸》《乐记》之论者也。惟昔人皆以好恶言情,而《大学》“诚意”以好好色、恶恶臭言之,岂曰性善,此情亦善之说,视“若乃其情则可以为善”之说为尤进。吾固论《大学》之旨极于姚江一派,于此益有以证明之。《乐记》《孟子》犹未得窥《大学》之旨,而况汉之人乎?汉人固未足以尽孟氏之旨、知《大学》之微,然其见犹得与《乐记》《中庸》齐,谓概乎未之有见则非也。自宋以来,尊《乐记》《中庸》而轻视汉儒,是知二五而不知十;纬书更以妖妄鄙之,而未思是亦一时儒者之言,可以人而废言耶!斯皆仿佛思、孟之言而大异荀卿,正所谓庸庸之论尚无大过者也。

后　论

余读王弼与何晏辨圣人无喜怒哀乐,王通之《文中子》,陆淳叙《东皋子》,李习之《复性书》,而后知孔、孟之学,魏、晋、隋、唐以来,其绪固未尝坠也。虽荀悦、韩愈、杜牧论性多歧，终不足以掩之。而宋人独称河南两程先生为能传千四百年不传之绝学，若濂溪、横渠犹未足以当之，又奚论于伏胜、韩婴之俦，则其言不无少过。然若以阐发圣道，深切精纯，则先此固未有逮程氏者，是不可易也。汉以来儒者，几以圣人天纵不可学而能；自宋以来，学者皆知圣人之可学而至，其功岂不伟哉！北宋诸贤，即程门之杨、谢、游、尹，得师友讲习之绪，其得之也，皆莫不艰苦，陈义之精，往往而有；若曰精辟浑成，诚有未至，则以学之初启，所资未厚。及乎南渡，师说渐多，研讨亦备，一义之释，左右逢源，无往不适，通贯圆融，如皎日当空之无隐，沧溟在望之无际，圣人之道大明。以语汉、晋、隋、唐，诚霄壤之间。以讲贯言之，前世学者唯称《中庸》，斯不过乐其玄微之言，而未能发其精至之义，其论孟、荀，犹曰大醇小疵。至北宋然后孟氏乃独尊，而荀、扬以绌，不得以乱圣人之学。北宋诸家，于孟子犹有所窒，即在程氏亦未能免。南渡以来则不然，于孟氏之言，有不违如愚无所不悦之概，即唐悦斋亦若是，而况晦庵、象山之卓绝耶！能知《大学》之义者，其事稍晚。程氏虽尊之，而未能笃守。至朱子，犹据程子之言以补“致知格物”之义，是于《大学》犹未能尽也。至阳明以诚意为一篇之主，即是以阐“知行合一”之义，而后决其无坠简、无遗义。于是儒家之说极精于《大学》者，宋明儒历久而毕至焉，殆至是而洙泗之蕴阐发尽矣。后之学者，莫不相从于朱、王二家之言未能或外，其有离此者，殆皆妄也。然朱氏“即物穷理”之言，王氏“满街尧舜”之旨，其流弊诚不可讳，则宋明之说谅有未精，瑜瑕不掩，是未可以日月之仰，遂并其过而护之。夫学所以明理，理者天下之公，非人可得而私，未安之义，何得不言，以附于诤臣之列。

窃尝论之，朱子曰：“理与气既不相离，亦不相杂。”其言美也。以不杂言，则气之万殊而善恶分、万事出，理固未尝与之俱往，是理冥然于物之外。理与物离，则理者惟一顽空之境，不足以曲应万变而为善恶之衡、是非之准。舍即物穷理以为制事之方，则其道又奚由哉！是朱子虽为理与气既不相离亦不相杂之说，而朱子毕竟偏于理、气离之说也，此朱学末流“即凡天下之物而穷之”，蔽不可掩也。以理、气为离，则理冥然无适于用，不足以应事，自必以“理、气不离”之说济之。无适而非气，即无适而非理，气机鼓荡流行，皆天理也。气万殊而理亦万殊，无气外之理，亦无理外之气，无往而离理，即无往而非善，此阳明之旨而“满街尧舜”之说所由生也。王学末流以“人欲即是天理”“苏秦、张仪皆是良知”，其蔽亦不可掩也。二家之说，皆欲以明善恶之源、求是非之准，而其弊较然若斯，要即源于理、气之说，推而致之，有必至之势。就不杂言，其弊非至即物穷理之说不止；就不离言，非至满街尧舜之说不止。二家为说之弊虽殊，要即一义之两端，必然之结论而无可避者。朱子之说曰“不相离，亦不相杂”，若调停于二者之间，而朱子之所主，终偏于离理、气以为二。此曹月川于“理先气后”之论，而有“死人死马”之讥，致有《太极辨戾》之作，而自附于朱氏诤子之列也。

以愚思之，孟子曰：“耳目之官不思，物交物则引之而已。心之官则思，思则得之，不思则不得也。”诚以此理充塞宇宙，人与万物受之天者，莫非此理。故曰：“诚者，天之道也。”时行物生，生生不已，鸟啼花落，山峙川流，无非此理，谓理、气之不相离可也。惟人则有知，是以能舍生取义、舍鱼取熊掌，事至物来，而理欲辨焉，而心则知所别择。孳孳为善、为不善，而舜、跖以分，只在此“循理”“纵欲”一念。此正知之所有事，而物不与焉。故曰：“思诚者，人之道也。”于此谓之理、气不相杂可也。孔子曰“操则存，舍则亡”，去人欲而从天理，其机端在乎此。夫“耳目之官”，同乎物者也，从乎物欲，是谓“养其小体为小人”；“心之官则思”，则进乎物者也。四端万善，皆具乎是，扩而充之，是谓“养其大体为大人”。《中庸》言：“诚之者，择善而固执之者也。”能择者思，故孟子易“诚之”曰“思诚”。惟人能思，而物则否，故曰：“此天之所以与我者。”此孟子之得统于子思，其易之曰思诚，又其善发子思而有进于子思者也。“思诚”“择善”，而后人欲可净、天理流行而天人合德也。此天道、人道之有辨而不可浑。朱子必以格物穷理为言者，是以不杂者拟不离而疑之，以人道而疑天道也。王子不免“满街尧舜”之说者，是以不离者拟不杂而信之，以天道而淆人道也。天人之辨淆而道之大源紊。故伊川言："善固性也，然恶亦不可不谓之性。"而朱子又以"义理之性""气质之性"为之说而实弥缝之。故阳明言"无善无恶心之体"，而龙溪又以心、知、意、物皆无善无恶之说而决裂之。以善、恶皆性，以无善无恶为心，是尚得为孟氏之学欤？是皆于"思诚""择善"一机不免滑突。惟象山之言曰："古人教人，不过存心、养心、求放心。此心之良，人所固有。"是其于孟子言心、言思之学得其真切，无毫黍之逾越。其言又曰："念虑之不正者，顷刻而知之，即可以正。念虑之正者，顷刻而不知，即可以不正。"则其于操存毫忽之间剖析至尽，思、孟"择善""思诚"之学，安得不谓象山真得其传哉！不肖昔从皂江曾习之师问学，师专以象山为教，自惜当时贪于涉猎泛滥，未克尽心，真考亭所谓"孤负此翁"也。二十余年前，于《太极图说》所言"五性感动而善恶分、万事出"之义有疑，久不得解，遂全放下。倘朱、王二家言学之弊即滋于是耶！象山辩《太极图》断断不肯休者，诚非得已也。思、孟相承之要与朱、王之两致离失者，要只在此"思诚"一义之或明或忽耳。龟山之教豫章，令思索孟子"无以饥渴之害为心害"一章，又云"更于心害上一着猛省"。而延平之诲朱子，又以"心气合一气象"，亦只在此耳，道南之传，岂有他耶！明道之语横渠定性曰："于怒时遽忘其怒，而观理之是非。"孔子之诲颜渊曰："克己复礼。"其称之则曰

“不迁怒”,曰“知之未尝复行”,亦只在此耳。盖方理、欲相争,心、气相忤,舍生取义,机在毫发,外此他求,皆不得为切问近思之道也。曰诚,曰思诚,本体工夫,尽于是也。至《大学》曰诚意,则又以孟氏之本体为工夫,而明工夫之即本体,浑然一片,而义益深。孟子曰:“无为其所不为,无欲其所不欲。”盖以有所不为、有所不欲者,本心也,意也,所谓诚也,至善无恶者也。此象山所谓“虽欲自异于天地不可得也”。本心之好恶,即所以为受是辞非之准,而性善之源也。欻焉而为其所不为、欲其所不欲者,则放心也,而善恶判焉。无为其所不为,无欲其所不欲,此所谓求放心,所谓思诚也,去不善而迁善者也。《易》曰“闲邪存诚”之道也,象山所谓“才自警策,便与天地相似”者也。惟意之好恶不能自已于中,欲生也而所欲有甚于生,亦此不能自已之意,虽为宫室之美、妻妾之奉,于万钟则不辨礼义而受之,而不屑不顾羞恶之心皎然于中而不可昧,而此不可昧、不能已者,即天之所以与我者,即本体也,而即以此不能自已者为工夫,岂非以本体为工夫而工夫之亦即本体耶!《中庸》曰尽性,《孟子》曰尽心,《大学》曰诚意、曰致知,直从源头处说,奔泻直下,解缆放船,顺风张棹。即本心自能思诚、自能择善,岂非简易久大之至哉!思诚、诚意之言,反复为用,故曰至《大学》无余蕴矣。《大学》曰诚意,曰致知,以意者即《中庸》所谓性、《孟子》所谓本心,而知者即心之觉察也。诚意、致知,即尽心也。

知致而物格，志帅而气次，内直而外方也。此本末始终先后之道也。故曰“欲诚其意者，先致其知，致知在格物”。盖所知无非物，物则皆所知，知与物有能、所之分，而致与格只是一事。知不可以徒致，故曰“致知在格物”。知致、物格而意自诚、心自慊也。曰“诚意者毋自欺也”，毋自欺者，心之责、知之事也，无所依傍，无所遁匿，此《大学》之善发孟子精透无遗者欤！曰良知只是自家知，有不善良知本自能知，董罗石曰“知过是良知，改过是致知”，尽之也。此阳明论古本《大学》之功为不可没也。知只是意之觉察，故意、知、物三，而诚、致、格一。气之或暴，心之或放，而意无不知，能自知者意也，只“毋自欺”而本体工夫一言直了，外此固无他道。舍心与知而言学，则舍本而逐末，惝恍而不实，此多歧所以亡羊欤！王一庵栋言：“自身之主宰而言谓之心，自心之主宰而言谓之意。”阳明致知之说，至心斋言格物而致知即格物之义明。一庵言诚意，而后致知、格物即诚意之义明。《大学》正义微言，阐发尽矣。即孟氏所谓尽心之旨也。守孟子之义，明《大学》之旨，主乎思，统乎知，坦然明白，其足以祛后来之弊耶！宋明之儒，所以阐明《论》《孟》《学》《庸》之旨，蔑以加也，日月丽天，江河行地，无得而易之。然每置论于周秦之儒所不论，较诸孔孟之说，每多剩义。卒之言理、言气、言太极、言心性之类，朱王不免于两困而皆失，岂儒道之固不能无弊而有必至之势哉？要为驰心于先圣所未语，而自溺于歧违之说而然耳。惟象山于此，卓然不惑，孟氏之本末，即象山之本末，陆氏之旨要，即孟氏之旨要，无溢义，无欠语。慈湖继之，言“直心而往”，又曰“以直而动”，而本心之旨益明。此皂江先生所以称陆氏为直逼孟子者欤！诚于宋明之说，取其阐明孔孟者，而置其不本于孔孟者。以宋明阐周秦，以周秦正宋明，庶可为善学周秦，善学宋明者也。

儒家政治思想之发展

秦汉间学者言三代事，多美备，不为信据。不信，则摈疑之诚是也，然学人必为说若是者，何耶？斯殆陈古刺今，以召来世。其颂述三古之隆，正其想望后来之盛，必曰古固如此则诬，若曰后当如是，则其思深、其意远也。嫌其诬，乃并其高致孤怀不复措意，是可谓达古人立言之情耶！有素朴之三代，史迹也；有蔚焕之三代，理想也；以理想为行实，则轻信；等史迹于设论，则妄疑；轻信、妄疑而学两伤，是谁之责欤？世之争今古文学者何纷纷也，盖古以史质胜，今以理想高，浑不之办，未解今文之所谓也，而漫然曰"王鲁"、曰"新周"，说益诡而益晦，庄、刘、宋、魏之俦，殆亦有罪焉。不慧遍涉《齐诗》、《京易》、伏生之《书》、戴氏之《礼》，而后知"一王大法"者，自有其经纬万端，在制而不在义，在行事而不在空言。制备也，则"继周损益""素王受命"非复徒言。苟不省礼

> 家之新制已大异周人之旧规，独张皇于“三科”“九旨”，而昧忽于“五际”“三期”，抗董、何之浮文，以概六艺之宏义，孤树《公羊》，欲张赤帜，以召非常可怪之讥，是欲以尊之，适以窒之，斯皆不解儒家“革命”之旨，不求历史蜕变之迹，正厚儒而不以其道者之罪，而岂侮经毁孔者之过哉？爰搜讨史证，旁稽诸子，勘比经义，以伸绝学。

《齐诗》言“五际”、言“四始”，以“改政”“革命”为依归，而原本于孟、荀，舍是则“王鲁”“素王”之说无所谓。《孟子》书：问汤放桀、武王伐纣，“‘臣弑其君，可乎？’曰：‘贼仁者谓之贼，贼义者谓之残，残贼之人，谓之一夫，闻诛一夫纣矣，未闻弑君也。’”《荀子》书：“世俗之为说者曰：桀、纣有天下，汤、武篡而夺之。是不然。以桀、纣为尝有天下之籍则然，天下谓在桀、纣则不然。有天下之后也，势籍之所在也。然而不材不中，内则百姓疾之，外则诸侯叛之，甚者诸侯侵削之、攻伐之，若是则虽未亡，吾谓之无天下矣。圣王没，天下无君，诸侯有能德明威积，海内之民莫不愿得以为君师，然而暴国独侈，安能诛之。必不伤害无罪之民，诛暴国之君，若诛独夫。若是则可谓能用天下矣，能用天下之谓王。汤、武非取天下也，修其道，行其义，兴天下之同利，除天下之同害，而天下归之也。桀、纣非去天下也，乱礼义之分，积其凶、全其恶，而天下去之也。天下归之之谓王，天下去之之谓亡，故桀、纣无天下而汤、武不弑君。”孟、荀以桀、纣为一夫而汤、武不弑，其言凛凛其严而昭昭其晰也。然在汉代，世俗之说犹未熄，黄生以“汤、武非受命，乃弑也。冠虽敝，必加于首，履虽新，必贯于足，上下之分也。桀、纣虽失道，然君上也，汤、武虽圣，臣下也，主有失行，臣不正言，反因过而诛之，代立南面，非弑而何？”辕固曰：“不然，夫桀、纣荒乱，天下之心皆归汤、武，汤、武因天下之心而诛桀、纣，桀、纣之民弗为使而归汤、武，汤、武不得已而立，非受命而何？”盖黄生不免世俗之言，而辕生为能守孟、荀之统。

辕生传《齐诗》，其说即本《诗》义也。《齐诗》之义有“五际”：“卯酉之际为改政，午亥之际为革命。……卯，《天保》也；酉，《祁父》也；午，《采芑》也；亥，《大明》也。”《大明》者，牧野之事也，则辕固生之义，本于是也。许芝言：“周公反政，《尸子》以为孔子非之，以为周公其不圣乎，以天下让，不为兆民也。”（从《长短经》引校）京房作《易传》曰：“凡为王者，恶者去之，弱者夺之，易姓改代，天命不常，人谋鬼谋，百姓与能。”知《尸子》《京易》亦主“受命”之说，《尸子·贵言》云：“臣天下，一天下也。一天下者，令于天下则行，禁焉则止。桀、纣令天下而不行，禁天下而不止，故不得臣也。”此《尸子》之意合于孟、荀。《穀梁传》引《尸子》释《春秋》之义者再，穀梁俶作传之事亦见于《尸子》之书，则《尸子》固《穀梁》之学者也。干宝传京氏《易》，而与“三期”“六情”之说相应，是《齐诗》《京易》同法。“五际”以“午亥之际为革命”，“四始”以“《大明》在亥为水始”。《易》曰：“龙战于野，其血玄黄。”干注曰：“爻终于酉，而卦成于乾。戌亥，乾之都也，故称龙焉。郭外曰郊，郊外曰野，坤位未申之维，而气溢酉戌之间，故曰于野。文王之忠于殷，抑三二之强以事独夫之纣，祈殷命以济生民也。纣遂长恶不悛，天命殛之，是故至于武王遂有牧野之事，是其义。”张惠言曰：“令升之注，仅存三十卦，而又不完，然其言文武革纣、周公摄成王者，十有八焉。是则以《易》为周家纪事之书，文、武所以自旌其伐也。”张氏其言虽有失，然适足以明《京易》之义，斯正《诗》“《大明》在亥”之事也。孙盛述《易》，本之干宝，其曰：“古之立君，所以司牧群黎。若乃淫虐是纵，酷彼群生，则天人殛之，加其独夫之戮。是故汤、武抗钺，不犯不顺之讥，汉高奋剑，而无失节之义，何者？诚四海之酷仇，而神人之所摈故也。”是《京易》之传，犹孟、荀、《齐诗》之说也。晚清之学，急于变法，故侈谈《春秋》，张“改制”之说，而《公羊》之学，显于一时。然“改制”之义，才比于“五际”之“革政”，而“五际”“革命”之说，未有能恢宏之者。友人钱宾四著论，颇致惜于龚定庵不知谈革命。夫一世方致力于《公羊》，自未足以至是。惜哉《齐诗》《京易》之秘，当时未之能发也。干氏《晋纪·武帝革命论》曰：“帝王之兴，必俟天命，文质异时，兴建不同。故古之有天下者，柏皇、栗陆以前，为而不有，应而不求，执大象也。鸿、黄世及，以一民也。尧、舜内禅，体文德也。汉、魏外禅，顺大名也。汤、武革命，应天人也。高、光征伐，定功业也。各因其运而天下随时，随时之义大矣哉。”干氏之革命论，即本之京氏易学。而其在《易》，陈义特详。其《易注》曰：

> 凡《易》既分为六十四卦，以为上下经，天人之事，各有始终。夫子又为《序卦》，以明其相承之义。然则文王、周公所遭遇之运，武王、成王所先后之政，苍精受命，长短之期，备于此矣。故曰：《易》穷则变，通则久。总而观之，伏羲、黄帝，皆系世象贤，欲使天下世有常君也。而尧、舜禅代，非黄、农之化，朱、均顽也。汤、武逆取，非唐、虞之迹，桀、纣之不君也。伊尹废立，非从顺之节，使太甲思愆也。周公摄政，非汤、武之典，成王幼年也。凡此皆圣贤所遭遇异时者也。夏政尚忠，忠之弊野，故殷自野以教敬；敬之弊鬼，故周自鬼以教文；文之弊薄，故《春秋》阅诸三代而损益之。颜回问为邦，子曰：“行夏之时，乘殷之辂，服周之冕。”弟子问政者数矣，而夫子不与言三代损益，以非其任也。回则备言，王者之佐，伊尹之人也，故夫子及之焉。是以圣人之于天下也，同不是，异不非，百世以俟圣人而不惑，一以贯之矣。

此《晋武革命论》之根本义也。其“苍精受命”，而“回为王者之佐比伊尹”，则“孔子为素王”，而“《春秋》损益三代”，此近代论“改制”者所由取证，而干宝之“革命论”于是取证焉。以“禅让”“征诛”明“三统”之义，“五际”“三期”，说亦犹是。“革命”之说不著，于是“三世”之说张皇一世，而“五际”之说独湮没而无闻。《京易》《齐诗》，长为世之诟病。推翼奉之义，通之于干宝，以明孟、荀之说至汉晋而犹有传焉。严松问于梭山曰：“孟子说诸侯以王道，行王道以崇周室乎？行王道以得天位乎？”梭山曰：“得天位。”“岂教之篡夺乎？”曰：“民为贵，社稷次之，君为轻。”象山曰：“旷古以来，无此议论。”然自辕生以迄孙盛之徒，其说固未之或绝也。此《齐诗》《京易》足以明《公羊》所未备，而翼奉、干宝识超于董生远矣。“素王”之说，本于“革命”。《说苑・君道》称孔子曰：“周道不亡，《春秋》不作，《春秋》作而后君子知周道之亡。”则《春秋》作而“王鲁”“新周”可也，“素王”可也。“革命”之说不张，孤言“素王”，则不免于“非常可怪”之诮。然“素王”之说，又自有义焉。《墨子书・公孟子篇》公孟子谓子墨子曰：“昔者圣王之列也，上圣立为天子，其次立为卿大夫。今孔子博于《诗》《书》，察于《礼》《乐》，详于万物，若使孔子当圣王，则岂不以孔子为天子哉！”盖墨子之说，主于“选天下之贤可者，立以为天子”，“又选择天下之贤可者，立以为三公”。墨家“以巨子为圣人，皆愿为之尸”。“巨子”固墨家之圣而宜为天子者。墨子既立“巨子”，故公孟子因之有“孔子为天子”之说。章枚叔以公明高、公孟子高、公羊高为一人，则墨书之公孟子即公羊子，“素王”之说出于《公羊》，固即以墨家之有“巨子”。世儒闻“巨子”则乐道之，闻“素王”则疑之，可谓知类乎！《公羊》《齐诗》之说，本自同源，离之则两晦。《陈留风俗传》云：“园庱，字宣，明《公羊春秋》，为秦博士。”园又作圈、作辕。园宣明《公羊》，而辕固明《齐诗》，犹伏胜明《尚书》，而其后伏理以下为《齐诗》伏氏学。《叔孙通传》言：“二世召博士诸儒生问楚戍卒攻陈，博士诸生三十余人前曰：‘人臣无将，将即反罪，死无赦。’”臣瓒曰：“《公羊传》曰：‘君亲无将，将而必诛。’”知此以《公羊》义对者，正于时园庱以《公羊》为博士也。“革命”“素王”之义，如车二轮，《齐诗》《公羊》，合而后备，本出一源，岂二致哉！

仲舒立说，亦能明此。董书言：“儒者以汤、武为至贤大圣也，今足下以汤、武为不义，何也？天之生民，非为王也，而立王以为民也，其德足以安乐民者天予之，其恶足以贼害民者天夺之。封泰山，禅梁父，易姓而王，德如尧、舜者，七十二人。天子者，天之所予也，其所伐者，天之所夺也。今惟以汤、武之伐桀、纣为不义，七十二王亦有伐，推足下之说，将以七十二王为皆不义也。今桀、纣令天下而不行，禁天下而不止，安在其能臣天下也？果不能臣天下，何谓汤、武弑！”董氏之义，亦同尸子、辕生，所谓“汤武革命，顺天应人”者也。而眭孟称先师董仲舒有言：“虽有继体守文之君，不害圣人之受命。”自董生变“易姓”之事为“继体之君”，于“汤武革命”漫曰“三代改制”，则仅当于“五际”“改政”之义耳。于是“改制”之说起，而“革命”之论淆，至晚近谈“变法”而旨益隘。董生变其所学，以委曲于汉，固无以愈于公孙弘之阿世，然儒术遂行，儒显而道以晦，独非董生之咎哉！《春秋》代周之义不著，而“素王”遂来可怪之讥，所谓“天子之事”“经世之志”，暗而不宣，渺茫不可究。故曰不以《齐诗》《京易》明《春秋》，则《公羊》失其义据；不以礼家之说辅《春秋》，则“一王大法”“为汉制作”为徒言。“殷因于夏礼，所损益可知也；周因于殷礼，所损益可知也；其或继周，百世可知。”继周，舍数度云为之实，将何以哉！必也晓然于礼家之新制，决非周人之旧规，“一王大法”之义明，而“素王受命”之旨显。盖损益四代，俨同新王，修齐治平，不为虚语。知乎周之为周，自有以见儒之为儒。辑比异同，然后明儒家政治思想之深远，托为制度之恢宏，而“素王”之说、“革命”之义，殆为事之不能已者，非常异义可怪之论，如砥如矢，庸足怪耶！爰稽礼文，以当质验。

先言井田 孟子谓：“夏后氏五十而贡，殷人七十而助，周人百亩而彻。”又曰：“由此观之，虽周亦助也。”是孟子之说，先后难谐。孟子曰：“治地莫善于助。”又曰：“请野九一而助，国中什一使自赋。”则孟子之意又难谐也。夫滕壤地褊小，绝长补短，将五十里，而孟子既谓治地莫善于助，乃欲五十里之国，彻助并行，国野异制，是果何说哉？及考之《周官》，乃知其意符孟子。《周官》之言造都鄙也，小司徒经之，其职云："乃经土地而井牧其田野。"郑氏注《礼》，则主以国中当乡遂用贡，而野当都鄙用助，则孟子之意固与《周官》同，周固助彻并行也。然又何以必别助、彻为殷、周？大司徒之职："令五家为比，五州为乡。凡万二千五百家，凡六乡。"六乡军法，在小司徒之职："五人为伍，五师为军。军万二千五百人。"出于乡，家一人也。六乡而六军，大司马之职所谓"王六军"者也。《周官》建学，亦止于六乡。六乡者，彻之所行，即军之所出，又为建学以登庸焉。野则助之所行，不出兵，不建学。此无他，周既克殷，周人居国中，而放逐殷人于野耳。周世用彻法，自公刘而"彻田为粮"，于夏殷之世已然也。殷则世用助法，既丧其国家，退居于野，尚仍其助法焉，入周而不改，此所以"虽周亦助"耶！又曰："将为君子焉，将为野人焉，无君子莫治野人，无野人莫养君子。"君子为统治阶级，野人则被统治者也。又曰："方里而井，井九百亩，其中为公田，公事毕，然后敢治私事，所以别野人也。"是井田所在者为野人，则彻法所行者为君子。夫越有"君子六千人"者，兵士也；楚有"都君子王马之属"，亦兵士也，此何异秃发高欢所谓鲜卑任战伐，而"汉人为汝作奴，夫为汝耕，妻为汝织"者乎。叶适言："六乡于王畿为近，而皆为君子，故使之什一自赋，其粟则藏于仓人。六遂于王畿为远，而皆野人，故使之九一而助，其粟则聚于旅师。遂人以兴锄利甿，里宰合耦于锄，旅师掌聚野之锄粟。锄即助字，助字惟见于六遂之官。”是六遂用助法之明证。本师左庵，以王莽用《周官》，其制有六乡、六队，六乡在长安，六队在洛阳，六队即《周官》之六遂，知《周官》旧说六遂在成周，正所以居殷顽者也，为助法之所行。是助之所行为殷人，又审矣。郑氏注载师云“周税轻近而重远”，此即轻周而重殷耳。管子治齐，见诸《国语》者，曰“叁国五鄙”。“叁国”则“士乡十五”，以立三军者也；“伍鄙”不出军，而曰“井田畴均”，是亦五鄙用助，而乡用彻。乡之进贤，有“三选”之法，而鄙无之，则所以别君子、野人者，事亦犹然。皆以见周之旧度，管子治齐莫之或异也。自秦开阡陌，急于富强，荀卿言其“五甲首而隶五家”，盖韩非之所谓“富贵皆出于兵”也，于是有“父子低首，奴事富人，躬率妻孥，为之服役”者也。夫周则贵贱之悬殊，秦则贫富之迥绝，而《公羊》家之言井田也则又异。何休谓：“一夫一妇，受田百亩，公田十亩，八十家而九顷，共为一井，十井共出兵车一乘。一里八十户，中里为校室。”包氏解《论语》云：“千乘之国者，百里之国也。”夫然，则今文家所论井田，通国皆助，通国出兵出车，亦通国立学，而君子、野人之隔泯矣。则今文家之论井田，既以夷周人贵贱之殊，亦以绝秦人贫富之辨，则所谓“一王大法”者，岂非鉴于二代之弊，而特立一尽善之治哉！则今文为哲学，固不足疑，不可与周制同日而语也。

周之井田，与今文说之井田，又有其异者。《地官》比长：“徙于国中及郊，则从而授之。若徙于他，则为之旌节而行之。若无授无节，过所则呵问，系之圜土。”圜土者，狱城也。此为周之农民，不得自由离开土地。《地官》邻长亦云：“徙于他邑，则从而授之。”此六乡、六遂之人，不得任意迁徙，而官为管理之，否则收入狱中。故《周语》曰：“有散迁懈慢，而著在刑辟，流在裔土，于是乎有蛮夷之国，有斧钺刀墨之民。”是散迁有罚，懈慢亦有禁也。《周语》又言：“土不备垦，辟在司寇。”又言：“王则大徇，耨获亦如之，民用莫不震动，恪恭于农，修其疆畔，日服其镈，不解于时。”其监农之急也。孟子曰：“死徙无出乡，乡田同井。”惟农民不得离其土，故为农奴，以土地与人民同为领主之财产也。“王者始起，封诸父昆弟，示与己共财之义，故可以共土也。”故封建者，分财之说也。《左氏》定四年传：“成王分鲁公以殷民六族，分康叔以殷民七族，聃季授土，陶叔授民。”授土授民，以土与民皆所分之财也。故人民不得离其地，不得怠其时。《礼·王度记》曰“有分土，无分民也”，是非周初之意，而为后来儒者之说。“民咸归乡里，户益息”，此今文家之井田，民可与土相离，得离其土则非农奴。谷永之说曰：“方制海内，非为天子；列土分疆，非为诸侯，皆以为民也。”则非复共财、共土之意也，而先后井田封建之意别也。

次言辟雍　《今古学考》言：“射义：天子射以选诸侯、

卿、大夫、士。古者天子之制，诸侯贡士于天子，试之于射宫，射中多者得与于祭云云，及庆赏益地削地之说，全与《穀梁》《大传》《繁露》等书同，此今学也。古学则不贡士，皆世官，亦不以射为选举。”廖师以今学为孔作，为新制，古学为从周，为旧规。此以《射义》所陈为改制，《周礼》世官为史迹，如犀分水，泾渭判然。乃汉师以降，于斯二者，必牵合言之，纷不可理，若选举、学校，三代大同，儒之为儒，真所谓其言皆粪土也。今专就《周官》经文考之，不取注说，则周代学惟贵游，不及民庶，乌有选士之制，然后见廖师之说为不可易，而二千余载之经说真长夜梦梦也。《地官》师氏：“掌以媺诏王，以三德教国子。居虎门之左，司王朝，掌国得失之事，以教国子弟，凡国之贵游子弟学焉。”保氏：“掌谏王恶，而养国子以道，乃教以六艺，教之六仪。”郑注：“国子，公卿大夫之子弟，师氏教之，而世子亦齿焉。”《春官》大司乐：“掌成均之法，以治建国之学政，而合国之子弟焉，凡有道者、有德者使教焉，以乐德、乐语、乐舞教国子。”郑注：“国之子弟，公卿大夫之子弟当学者，谓之国子。”此《周官》师、保、成均之教，入学者以贵游子弟为限也。大司徒之职：“令五家为比，五比为闾，四闾为族，五族为党，五党为州，五州为乡。以乡三物教万民而宾兴之，一曰六德，二曰六行，三曰六艺。”乡大夫之职：“正月之吉，受教法于司徒，退而颁之于其乡吏，使各以教其所治，以考其德行，察其道艺，而兴贤者能者。乡老及乡大夫群吏献贤能之书于王，退而以乡射之礼，五物询众庶，此谓使民兴贤，出使长之，使民兴能，入使治之。”州长：“正月之吉，各属其州之民而读法，以考其德行道艺而劝之，春秋以礼会民而射于州序。”党正：“以礼属民而饮酒于序，正岁属民读法，而书其德行道艺。”族师：“月吉，则属民而读邦法，书其孝弟睦姻有学者。”此六乡州长之制。族凡百家，族师书其有学者。党五百家，党有序，党正书其德行道艺。州二千五百家，州有序，州长考其德行道艺。乡万二千五百家，乡大夫“三年大比，考其德行道艺，而兴贤者能者”。此德行道艺之士，党正书之，州长考之，乡大夫兴之。秦蕙田言：“古者取士于乡有二法，一则由乡而升司徒，而升大学，学成然后用之，《王制》所谓造士是也。一则三年大比，兴其贤能，直达于王，不复令入国学，《周礼》所谓宾兴是也。”是《周官》州、党之序，六乡之士，不复入成均，而师氏、保氏所教，止于贵游国子，秦氏已明见及此也。至秦氏谓“六遂之学与乡同”则大不然。《地官》曰：“遂人掌邦之野，五家为邻，五邻为里，四里为酂，五酂为鄙，五鄙为县，五县为遂”。由遂师、遂大夫、县正、鄙师、酂长，无庠序之文，无考校宾兴之说，皆言“各掌其政令”。由乡师、乡大夫、州长、党正，皆言“各掌其教治政令”。族师言“掌其戒令政事”。则六遂与六乡之族师以下，皆不言教，则其无学可知也。六乡大比，宾兴贤能；六遂大比，则行诛赏。乡、遂二者，治绝不同，言六遂以下有学者，经师之过也。刘彝言："古者乡学教庶人，国学教国子，乡学所升，不过用为乡遂之吏，国学所升，则命为朝廷之官，此乡学、国学教选之异，所以为世家、编户之别也。"是其区辨世庶，厘然不惑，而乡、遂之异，则犹未及论，甚哉！论礼之不晰亦久矣！

《王制》言："命乡论秀士，升之司徒，曰选士。司徒论选士之秀者而升之学，曰俊士。升于司徒者不征于乡，升于学者不征于司徒，曰造士。乐正崇四术、立四教，顺先王《诗》《书》《礼》《乐》以造士，春秋教以《礼》《乐》，冬夏教以《诗》《书》，王太子、王子、群后之太子、卿大夫元士之适子，国之俊选，皆造焉。""大乐正论造士之秀者以告于王，而升诸司马，曰进士。司马辨论官材，论进士之贤者以告于王，而定其论。论定然后官之，任官然后爵之，位定然后禄之。"此乡之秀选，得升于国学，预于贵游之列，同升诸朝，则非《周官》之旧也。《尚书大传》言："大夫七十而致仕，老于乡里。大夫为父师，士为少师。新谷既入，余子皆入学。"又曰："小师取小学之贤者登之大学，大师取大学之贤者登之天子，天子以为左右。"《白虎通义》言："古之教民者，里皆有师，里中之老有道德者为里右师，其次为左师。"则此之建学，遍于乡里，不如周之限六乡也。何休《公羊传》宣十五年《解诂》曰："圣人制井田之法，一夫一妇，受田百亩。八家而九顷，共为一井，一里八十户，八家共一巷。中里为校室，选其耆老有高德者名曰父老，十月事讫，父老教于校室。八岁者学小学，十五者学大学，其有秀者移于乡学，乡学之秀者移于庠，庠之秀者移于国学，学于小学，诸侯岁贡小学之秀者于天子，学于大学，其有秀者命曰进士。行同而能偶，别之以射，然后爵之，士以才能进取，君以考功受官。”此非特王畿乡里之学，而侯国乡里之学也；此《射义》所谓“古者天子之制，诸侯岁献贡士于天子，天子试之于射宫”者也。则《周官》所言，为贵族封建之治；《射义》《王制》以下所言，为平等之民治，而实儒者之理想，非前代之史迹也。

次言封禅 眭孟言：“汉家尧后，有传国之运，汉帝宜谁差天下求索贤人，禪以帝位，而自退封百里，如殷周二王后，以承顺天命。”廷尉奏孟妄设妖言，大逆不道，伏诛。盖宽饶上书，引《韩氏易传》言：“五帝官天下，三王家天下，家以传子，官以传贤，若四时之运，成功者去，不得其人，则不居其位。”书上，朝议以宽饶意欲求禪，大逆不道，遂下吏，宽饶自刭。此二事若至异，以汉主之威，而责以禪代者前仆后起，此岂末世所能有者哉？然其故有由来也。《礼运》言“大同”，则曰“选贤与能”，而訾“小康”之“大人世及”。夫世及者，天子之事也。詈其人，则曰“禹、汤、文、武、成王、周公，此六君子者”，儒者言必曰尧、舜、禹、汤、文、武，此独不及尧、舜者，正以禹、汤为“家天下”、为“小康”，则“大同”之所谓“选贤与能”者，岂非谓尧、舜为能“官天下”者乎！“选天子”之说，《墨子》书言之著矣。

一则曰:“选天下之贤可者立以为天子,又选择天下之贤可者立以为三公。天子、三公既立,以为天下博大,故画分为万国,立诸侯国君。诸侯国君既立,又选择国之贤可者立以为正长。”再则曰:“选择天下贤良圣知辩慧之人,立以为天子。天子既立,是故选择天下赞阅贤良圣知辩慧之人,置以为三公。天子、三公既立,是故靡分天下,设以为万诸侯国君。国君既以立,故择其国之贤者置以为左右将军、大夫,以逮乡里之长。”夫选贤以为天子,其义著明已早,友人伍非百说“《礼运》一篇,全符《墨子》之义”,“大同”“选贤”云者,其义之极乎“选天子”无惑矣。《韩易》《礼运》有其说,公羊氏殆亦有之。《传》于“春王正月”曰:“王者孰谓?谓文王也。”王则周之天王可也,奚必曰文王?言文王者,说小康者恒以文王为主也。“西狩获麟”而曰“尧、舜之道”,由小康而进于大同,由文王而进于尧、舜,此《礼》《春秋》之所同,而三世义之所由起也。眭孟固《公羊》大师,其谓“汉帝宜求索贤人,禮以帝位”,其持说岂无自来耶!卒之王莽代汉,一世士大夫翕然归美,固自有故,殆数百年来,师师所口授而面命者,皆以抑于汉家不得伸,亦所以积怨而发愤者也。《说苑》言鲍白令之称“五帝官天下,三王家天下”,而毁始皇为桀、纣,遂酿坑儒之祸;淳于越、周青臣论封建事,遂酿焚书之祸。儒者之必以“大同”(禅让)、“小康”(封建)之论,以责秦汉之王室,卒之亡身丧元而不悔,则其志亦烈矣。近世每称王莽所为为社会政策，岂知王莽所用，一一皆数百年间之经说哉！鲍白令之以“官天下”责始皇，不可谓非豪杰之士，《说苑》述其事，言令之者再，知鲍白为复姓，盖鲍丘之字误也。《新语·资质》言：“鲍丘子之德行，非不高于李斯、赵高也，然伏隐于蒿庐。”此鲍丘子，即《说苑》之鲍丘令之。《盐铁论·毁学》言：“李斯与包丘子俱事荀卿，李斯入秦，遂取三公，包丘子不免于瓮牖蒿庐。”则鲍丘令之即传《鲁诗》之浮丘伯也。刘向言：“王者必通三统，明天命所授者博，非独一姓也。孔子论《诗》，至于殷士肤敏，裸将于京，喟然叹曰：大哉天命，善不可不传于子孙，是以富贵无常，不如是则王公其何以戒慎，民萌何以劝勉。”刘向传《鲁诗》，出于浮丘伯，其陈述《诗》义，与鲍丘令之对始皇之语固一贯也。刘向论《诗》，多同韩说，而鲍丘生之语，亦符于韩氏《易传》，倘韩婴之学其亦本于鲍丘之传耶！夫封禅者，为易姓受命之事，所以报功告成者也。董仲舒言：“天之无常予，无常夺，故封于泰山之上，禅于梁父之下，易姓而王，德如尧、舜者七十二人；王者天之所予也，其所伐者天之所夺也。”以明“德如尧、舜”言封禅之义也。《白虎通》言：“王者易姓而起，必升封泰山何？报告之义也。始受命之时，改制应天，天下太平，功成封禅。”《礼器》疏引《白虎通》曰：“绎绎无穷之意，禅于有德者而居之无穷已。”又云：“《白虎通》云：禅以让有德非也。”所引与今本略不同。盖封以言始，故曰“始受命之时”，禅以言终，故曰“禅者明已成功相传也”。又曰：“三皇禅于绎绎之山，明已成功而去，有德者居之。绎绎者，无穷之意也。”传本文多损缺，于始终之意不具，又脱“禅以让有德”之文，若《风俗通义》云：“三皇禅于绎绎，明已成功而去，有德者居之，绎绎者无所指斥也。五帝禅于亭亭，亭亭名山，其身禅于圣人。三王禅于梁父者，信父者子，言父子相信与也。”则禅让之说若揭，此仲舒所谓“德如尧、舜”者也，则封言受命，禅言去让，始终之义著也。司马迁作《史记》，本纪始五帝，世家始吴太伯，列传始伯夷、叔齐，岂无闻于儒者之微意哉！然则《书》始唐虞，《春秋》始于鲁隐，亦是义耳，先师刘士志先生盖尝推论之也。

次言巡狩 《墨子》两言选天子、三公、大夫、正长，而独不及诸侯，盖以衰周之世，诸侯力政，不可得而言耶？从弟季甫曰：“《射义》言：古者天子射以选诸侯、卿大夫、士。天子之制，诸侯岁贡士于天子，天子试之于射宫，中多者得与于祭，中少者不得与于祭，数与于祭而君有庆，数不与于祭而君有让，数有庆而益地，数有让而削地，故曰：射者，射为诸侯也。又言：故天子之大射，谓之射侯。射侯者，射为诸侯也；射中则得为诸侯，射不中则不得为诸侯。墨家所不能道者，至是而儒者备言之，则视墨又进也。”《荀子·君道篇》曰：“上贤使之为三公，次贤使之为诸侯，下贤使之为士大夫。”选诸侯之说，始见于《荀子》，《射义》盖荀氏以下之说也。黜陟诸侯之义，莫备于巡狩。

《王制》:“岁二月,东巡狩,至岱宗,柴而望祀山川,觐诸侯,问百年者就见之,命太师陈诗以观民风,命市纳贾以观民之所好恶,志淫好辟,命典礼,考时月定日,同律礼乐制度衣服正之。山川神祇有不举者为不敬,不敬者君削以地;宗庙有不顺者为不孝,不孝者君绌以爵;变礼易乐者为不从,不从者君流;革制度衣服者为畔,畔者君讨;有功德于民者,加地进爵。”《尚书大传》曰:“天子执冒以朝诸侯,见则覆之,故冒圭者,天子所与诸侯为瑞也。无过行者,得复其圭,以归其国;有过行者,留其圭;能改过者,复其圭。三年圭不复,少黜以爵;六年圭不复,少黜以地;九年圭不复而地毕。”又言:“古者诸侯之于天子也,三年一贡士,天子命与诸侯辅助为政,所以通贤共治,示不独专,重民之至。大国举三人,次国举二人,小国举一人。一适谓之攸好德,再适谓之贤贤,三适谓之有功。有功者天子赐以衣服弓矢,再赐以秬鬯,三赐以虎贲百人,号曰命诸侯,得专征。有不贡士谓之不率正者,天子黜之。一不适谓之过,再不适谓之敖,三不适谓之诬。诬者天子黜之,一黜少黜以爵,再黜少黜以地,三黜而爵地毕。”则言所以黜陟诸侯者,若是其易易,此固未必西周之制然也。《白虎通义》言:“小国考之有功,增土进爵。五十里不过五赐而进爵土,七十里不过七赐而进爵土。”又曰:“盛德之士亦封之,所以尊有德也。以德封者,必试之为附庸,三年有功,因而封五十里。元士有功者,亦为附庸;大夫功成，封五十里；卿功成，封七十里；公功成，封百里。士有功德，迁为大夫；大夫有功德，迁为卿；卿有功德，迁为公。故爵主有德，封主有功也。”则士之贤有德者，亦得至乎诸侯，斯固三代之隆未之见者，其为儒家所理想之制度无惑矣。夫《士礼》十七篇，为事十五，乡射礼外，重以大射，特谓之仪，可知此一篇者，固所以寓进退诸侯之微旨者欤！《春秋繁露·爵国篇》曰：“《传》曰：氏不若人，人不若名，名不若字。附庸：字者方三十里，名者方二十里，人氏者方十五里。”此其为说，前无闻焉。倘士以盛德受封之说起，而附庸三等之说因缘而生，意以待士而贤者之封，诚不可为前世之制也。

廖师言：“周末积弊多，继周当改，故寓其事于《王制》。如崔、尹世卿，乃立选举之政，阍弑吴子，乃不使刑者守门，国大易为乱，乃限以百里。”从弟季甫证成之，以为：

> 孟子主张小封建，欲以削弱诸侯。其曰：“天子之地方千里，诸侯之地方百里，周公封鲁为方百里，太公封齐亦为方百里，今鲁方百里者五，有王者作，则鲁在所损乎？在所益乎？”其意是欲以削强大诸侯。夫齐鲁之封，固非止百里。《史记》言：“封伯禽、康叔于鲁卫，地各四百里。太公封于齐，兼五侯之地。”《晏子春秋》曰：“昔吾先君太公，受之营丘，为地五百里。”《明堂位》：“封周公于曲阜，地方七百里。”

四百里其本封，而七百里者，即《诗》所谓“锡之山川，土田附庸”者也。孔、孟屡言千乘之国，盖周之旧也，何休、包咸皆云：“十井出兵车一乘，千乘之国，则百里之地。”然孟子以齐为万乘之国，地方千里，以包、何之率推之，相差倍蓰。《小司徒》注引《司马法》曰：“六尺为步，步百为亩，亩百为夫，夫三为屋，屋三为井，井十为通，通为匹马，三十家，士一人，徒二人。通十为成，成百井，三百家，革车一乘，士十人，徒二十人。十成为终，终千井，三千家，革车十乘，士百人，徒二百人。十终为同，同方百里，万井，三万家，革车百乘，士千人，徒二千人。”《管子·乘马》“方六里而一乘”，与《司马法》成百井出一乘相吻合，则千乘之国，地方实当三百余里。故马融云：“千乘之赋，其地千成，居地方三百一十六里有畸。”又《管子·轻重篇》言：“天子中立，地方千里，兼霸之壤，三百有余里。”孔子、孟子皆言千乘之国，则有方三百余里之诸侯明矣。《诗·鲁颂》：“公车千乘，公徒三万。”鲁实千乘之国，地当方三百有余里，而孟子必以为百里之诸侯者，其意可思也。

夫战国之世，贵族之制废而郡县之治立，乃儒者必言封建，虽非周旧，为说已卑。及观贾谊《过秦》曰：“乡使二世有庸主之行，而任忠贤，裂地分民，以封功臣之后，建国立君，以礼天下，天下集矣。”知汉儒以秦亡之速，为不封建之过，于是封建之论以复活，则显非《公羊》“讥世卿”之义。吾意战国间必有张为郡县之说者，徒以封建论之复起，而儒者划灭之无余也，岂非事之至可惜者耶！而巡狩黜陟之论以纷纷，若孟子所陈巡狩、述职曰：“无非事者，春省耕而补不足，秋省敛而助不给，夏谚曰：‘吾王不游，吾何以休。吾王不豫，吾何以助。一游一豫，为诸侯度。’”而《说苑》亟述之，此言巡狩诸侯之又一义也。

次言明堂 明堂、大学，一也。颖容、贾、服并同此说。东汉以来纷纷争议者，惟五室九室事，何其陋耶！观乎赵绾、王臧请立明堂，窦太后以让上（武帝）曰：“此欲复为新垣平也。”上因废明堂事，下绾、臧吏，皆自杀。杜业言：“河间献王经术通明，天下雄俊众儒皆归之。孝武帝时，献王来朝，问以五策，辄对无穷。武帝艴然难之。帝曰：‘汤以七十里，文王以百里，王其勉之。’王知其意，归即纵酒听乐以终。”而稽之班书，献王所对，则三雍宫也。绾、臧以明堂诛，献王以明堂废，则明堂固别有说乎！夫明堂者，天子布政之宫也。《管子》曰：“黄帝立明台之议者，上观于贤也；尧有衢室之问者，下听于人也；汤有总街之庭者，以观人诽也。”夫明堂、大学同处，郑人游乡校以论执政。明堂而观于贤、听于人，以观人诽，则以听于大学之士，而士恣于议政也。《地官》：“师氏掌国中失之事，以教国子弟。保氏掌谏王恶，而养国子以道。”则乡校论执政，正所谓“中失”，而明堂之“听人”“观诽”，正所谓”谏恶”。《管子》书论明堂，盖推本师、保、乡校而然也。《王制》言“大学在郊”，《学礼》言东学、南学、西学、北学，此四郊大学也。《尚书大传》言：“东堂距邦八里，南堂距邦七里，西堂距邦九里，北堂距邦六里。”所谓四郊大学，即此距邦明堂处也。“兆五帝于四郊”，亦明堂处也。规模壮阔，岂区区九室五室而已乎？孟子曰：“民为贵。”无明堂，则民贵徒虚说也。儒者舍《尚书》四郊明堂不敢议，而徒争《考工记》以来周人五室九室之制，故论益多而义益晦。是不解有周之明堂大学，有儒家所设想之明堂大学，二者固区以别也。《王制》《公羊》言：“诸侯岁贡小学之秀者于天子，学于大学。”然则明堂即大学，正诸侯贡士之所萃，布政于是，谳囚于是，师出而献俘亦于是，养三老五更于是，而天子袒而割牲，父事三老以为孝，兄事五更以为弟，上观下听皆于是，则“民为贵”之实备矣。教中失，谏王恶，天子恒规规焉不能有所逾，而听政于众庶，则绾、臧以议明堂诛，献王以对雍宫废，岂虚也哉！

《诗》曰：“询于刍荛。”《书》言：“谋及庶人。”夫建国和众，未有不协众志、合群谋，而能克大难、举大功者。盘庚徙邺，太王去邠，或命众悉至于庭，或属其耆老而告，著在经文，昭若示掌，其可诬耶！然此徒有其事，未详其制，犹曰偶有之耳。究寻其制，则备于《周官》外朝之法。小司寇之职：“掌外朝之政，以致万民而询焉：一曰询国危，二曰询国迁，三曰询立君。”是国有大故，未有不询于万民者也。大司徒之职:“若国有大故,则致万民于王门。”乡大夫之职:“大询于众庶,则各帅其乡之众寡而致于朝。”此所询之众即六乡之人也。朝即外朝,在王门之外,人君固不常御,其位:“王南向,三公及州长百姓北面,群臣西面,群吏东面。”则乡大夫致众庶于朝,而州长与百姓同在焉。朝士之职:“掌建邦外朝之法:左九棘,孤卿大夫位焉;群士在其后,右九棘,公、侯、伯、子、男位焉;群吏在其后,面三槐,三公位焉;州长众庶在其后,左嘉石,平罢民焉;右肺石,达穷民焉。”此外朝之位也。“帅其属而以鞭呼趋且辟,禁慢朝错立族谈者。”丘濬曰:“外朝在库门之外,最居外者也,人君不常御,国家大礼典,则于此朝会;而朝士掌其法,有大疑难则于此询问;而小司寇掌其政,朝著之间,有上下之位,有前后之次,入者必循序渐进,而不可参差,立者必肃容守次,而不可错乱,非奏对不言,无故不可聚而喧哗。故当人臣朝见之时,小司寇则摈而相之,使之次第而进,朝士则帅其属而用鞭呼号以肃之,使之各趋其位而知所避焉。”丘氏之说,甚为明白,于此本为朝万民之法,乡大夫各帅其乡之众寡而致于朝,以待大询,丘氏论独不及此,则已昧其本,岂于询万民之事,不免疑忽之情乎?则串贯六官以究一事之始末,昔之儒者,于此已难也。小司寇“以三刺断庶民狱讼之中,一曰讯群臣,二曰讯群吏,三曰讯万民,听民之所刺宥,以施上服下服之刑。”郑注:“民言杀,杀之,言宽,宽之。”此三询之外,用法亦讯之于万民也，此周之旧而“谋及庶人”之制也。既明周代外朝大询之制，请再以史之事实言之。韩原之战，晋败于秦，惠公止焉。《左氏·僖十五年传》言：“晋侯使郄乞告瑕吕饴甥，且召之。子金教之言曰：‘朝国人而以君命赏。’且告之曰：‘孤虽归，辱社稷矣，其卜贰圉也。’众皆哭，晋于是乎作爰田。吕甥曰：‘君亡之不恤，而群臣是忧，惠之至也，将若君何？’众曰：‘何为而可？’对曰：‘征缮以辅孺子，诸侯闻之，丧君有君，群臣辑睦，甲兵益多，好我者劝，恶我者惧，庶有益乎！’众说，晋于是乎作州兵。”此于国家丧亡之际，朝国人以定大难者也，然此犹诸大夫称君命以朝国人也。《左氏·定八年传》：“卫侯欲叛晋……大夫问故。公以晋诟语之，且曰：‘寡人辱社稷，其改卜嗣，寡人从焉。’……公曰：‘又有患焉，谓寡人必以而子与诸大夫之子为质。’……将行，王孙贾曰：‘苟卫国有难，工商未尝不为患，使皆行而后可。’公以告大夫，乃皆将行之。行有日，公朝国人，使贾问焉，曰：‘若卫叛晋，晋五伐我，病何如矣？’皆曰：‘五伐我，犹可以能战。’贾曰：‘然则如叛之，病而后质焉，何迟之有？’乃叛晋。”此卫之以国危朝国人也。晋、卫之事，正“小司寇致万民而询焉，询国危，询立君”者也。郑注：“国危谓有兵寇之难。”贾公彦以为“邻国来侵我，与国为难者也”。此正以弱敌强，国家危急存亡之际，全面抗战动员民众之事也。《周官》之制，《春秋》之事，若合符节，其可诬乎！若陈怀公之事，殆又甚焉。《左氏·哀元年传》:“吴人之入楚也,使召陈怀公。怀公朝国人而问焉,曰:‘欲与楚者右,欲与吴者左。陈人从田,无田从党。’”此则国之外交,亦决于众庶之从违,以定国策。杜注:“都邑之人,无田者随党而立,不知所与,故直从所居,田在西者居右,在东者居左。”此云“从田”,正所谓“乡大夫帅其乡之众寡而致于朝”,殆皆田者也。都邑之无田者亦与焉,则劳工阶级靡不在。曰“谋及庶人”,曰“询于刍荛”,于《礼》实有其制,于《春秋》实有其事,而治经者忽焉,于众议之治,遂莫之察耳。于周之旧,知有众议之制,然外朝遂足以尽王畿千里之人乎?曰“乡大夫各帅其乡之众寡而致于朝”,则所谓“万民”“众庶”“百姓”云者,实即六乡之人,《左氏》云“国人”者,知亦不过“国中什一自赋”之人耳。天子六乡、六遂,自六遂以下皆不得与于外朝之事也。则诸侯三郊、三遂,亦惟三郊之人得与于三询之列也。六乡、三郊之人,为立学焉,出兵焉,与外朝焉,而其余则不得与;则是聚议者,不过周之兵士阶级耳。无田从党都邑之人,则工商之人也。独九一而助之人不得与,则众议云者,实军人而已。今文家鉴周人之旧典,而别为一王之新法,于此“致万民而询国危”之制不容置之不取,不取则其治下于周且霄壤间也。今文家既不许助、彻之异制,以平等之治代贵贱悬殊之治,而势又不可致四海之民于外朝而询焉,变通之道,系于明堂。外朝旧制,其与议者曰工商兵农,而地限于六乡。明堂新规，其与议者为乡学之秀，为智识分子，所选极于四海。外朝之询者三焉，明堂之听，则凡国之百务。此亦今文家“新王大法”之进于周旧者。明堂之说，其为自外朝之法蜕变而来，昭然若揭，此度不立，将奚贵于今学、奚取于儒家！若周之外朝不为虚诬，则虽伏生老悖，其说必趋于明堂无疑也。以外朝之事较明堂，而明堂之实愈彰。抑尤有进者，伏生《大传》言：“东堂距邦八里，南堂距邦七里，西堂距邦九里，北堂距邦六里。”《白虎通义》引《尚书·逸篇》曰：“大社唯松，东社唯柏，南社唯梓，西社唯栗，北胜唯槐。”《周礼》马氏注云：“社稷在右，宗庙在左。或曰王者五社：大社在中门之外，惟松；东社八里惟柏；西社九里惟栗；南社七里惟梓；北社六里惟槐。”以距邦言之，则明堂所在，即社之所在，则其义又特重也。《礼三正记》曰：“王者二社，为天下立社曰太社，自为立社曰王社；诸侯为百姓立社曰国社，自为立社曰侯社。太社尊于王社。”《尔雅·释天》曰：“起大事，动大众，必先有事乎社而后出。”《郊特牲》曰：“唯为社事单出里。”斯社之所以系民也。辟雍、明堂为一，“大学在郊”，唯《大传》言明堂与之合。任启运曰：“青阳即东学（东序），明堂即南学（成均），总章即西学（瞽宗），玄堂即北学（上庠），其正即天子莅学养老之堂（辟雍）。”以学议政之说，于此不已显乎？

后论　刘歆言：“往者缀学之士，因陋就寡，分文析字，烦言碎辞。至于国家将有大事，若立辟雍、封禅、巡狩之仪，则幽冥而莫知其原。”斯数者，固王政之大端，儒者不容或昧者也。而忽焉幽绝，若存若亡，岂无故哉？殆以不容于时君世主而致然耶！班固曰：“《春秋》所贬损大人，当世君臣，有威权势力，是以隐其书而不宣，所以免时难也。”又曰：“所褒讳贬损不可以书见，口授弟子……及末世口说流行，故有公羊、穀梁、邹、夹四家之传。”则凡经旨微言之不可书见者，其必有与当世威权相妨之实，倘即所谓“经世之志”，而别为“一王大法”者欤！然则井田、学校、封禅、巡狩、明堂诸端，正所谓“一王大法”者也。是皆所以救时政之弊，而冀以跻一世于隆平之域，此固“以《春秋》当新王”，而“王鲁”“新周”说之所由起。盖通经致用，诚非虚言，儒亦不得为无用之学，其不容于时、不可书见，再经摧挫，说遂幽冥，固其宜也。今以其论旨考之，殆非周泽既斩、秦势已张之时，未易发此宏议。虽推揖孔氏以当“素王”，特以倡是议者之未敢自名，而故托之先圣云耳，岂秦世以上，易逮此哉！六艺纷错，于斯而启。有周之旧典焉，所谓史学者也；有秦以来儒者之理想焉，所谓经学者，实哲学也。此今古学所由判也。惟论“革制”者，空陈其法，不宣其意，托之三代，俨若成规，后世不察，乃持兹新论，比诸旧史，其于微言大义，仅资口授者，昏然莫省，故有訾以“是口说而背传记”者，刘歆是也，有詈其“怪旧艺而善野言”者，许慎是也，孰知“口说”“野言”之间，固为隐而不宣者之所系，惜哉！自辟雍、巡狩、封禅、一王大法之旨废，而分文析字、破坏形体者，弥以驰逐也；微言永晦，六经之不绝如一线耳。文通客解梁时，比辑秦制，凡数万言，始恍然于秦之为秦，然后知法家之说为空言，而秦制其行实也，儒家之说为空言，而周制其行实也，周秦之政殊，而儒法之论异。不以行实考空言，则无以见深切著明之效，既见秦制之所以异于周，遂亦了然于今学之所以异于古。盖周也，秦也，《春秋》"一王大法"也，截然而为三；《春秋》师说者，一王之空言，《礼》家师说者，《春秋》之行实也，所谓"《春秋》经世""为汉制作"者，正以鉴于周秦之败，而别起"素王"之制，为一代尽善之法。不以《礼》家之说考《春秋》，诚不免于"非常可怪"之论，不以周秦之史校论"一王大法"，则此"非常异义"者，又安见其精深宏美之所存？诚以周之治为贵族，为封建，而贵贱之级严；秦之治为君权，为专制，而贫富之辨急；"素王革命"之说，为民治，为平等，其于前世贵贱贫富两阶级，殆一举而并绝之，是秦汉之际，儒之为儒，视周孔之论，倜乎其有辨也。晚近学人，以晚周为旧社会之渐即于崩溃而儒教废，以儒者为护持旧制度者也。然入汉初为新社会之长成而儒又兴，斯岂非新理论之能乘新时代而复起乎！是先后之世殊，而儒者新故之说异也。盖自战国以来，布衣之士已崛起而居卿相，夫布衣之不容世族之久据贵势与豪人之独擅富厚，自必并力以摈之，固势理之必然，此思想之一变，而《公羊》所以托《春秋》而讥世卿也。及乎秦人毒痛海内，专制之焰炽而兼并之祸深，此思想之再变，而《礼》家所以借明堂而张议政也。“法殷”“法夏”，说议蜂集，窃尝论之，法家者流，盖自托于从殷（别有专论），儒家言法殷者，即取法家为义也。法家摈贵族，而《公羊》因之讥世卿，讥世卿，岂儒家之意耶！李君浚卿有“讥世卿为《公羊》义非《春秋》义”之论，海东学人亦有“《春秋》取法家”之说，可以验也。墨家者流，每自托于从夏，儒家言法夏者，即取墨家以为义也。墨之道，“以自苦为极”，故穆贺谓之曰“贱人之所为”，荀卿谓之曰“役夫之道”，钱宾四氏因之极论儒家为模拟上层之贵族，墨家为代表下层之庶民。凡儒家之平等思想，皆出于墨；法家之平等，为摈弃世族、扩张君权而壹刑法；墨家之平等，为废抑君权而建民治。墨主民治尚不免宥于神，儒家取之，始远于神而一本于民。自取法墨以为儒，而儒之说宏卓不可及也。儒家之义，莫重于明堂，班固曰：“墨家者流，盖出于清庙之守，养三老五更，是以兼爱，选士大射，是以上贤，以孝视天下，是以上同，见俭之利，因以非礼。”此其为说，多不见于墨子之书，而为后之儒者所取重，当本墨家之师说，而刘、班述之。清庙者，即明堂也，知明堂之说，创于墨家，而儒者因之。凡儒者言禅让、言封建、言议政、言选举学校，莫不归本于明堂，其为本墨家以为说，不可诬也。墨家非乐，而六艺佚《乐经》，墨以孝视天下，而儒者于汉独尊《孝经》，是皆秦汉之儒取于墨家之迹，斯今文说者实兼墨家之义。《礼运》一篇，其为儒家之取于墨而又大进于墨，其义甚明，余于后篇论之。廖师惟以今文兼邹衍之术者，是则今兹所论，略异于师门者也。惟儒家理想之政治，以明堂为最备，而理想之社会，则井田为尤精。《公羊传》宣十五年《解诂》略曰：

> 夫饥寒并至，虽尧舜躬化，不能使野无寇盗。贫富兼并，虽皋陶制法，不能使强不凌弱。故圣人制井田之法而口分之，一夫一妇，受田百亩，以养父母妻子，五口为一家，公田十亩，即所谓十一而税也。庐舍二亩半，庐舍在内，公田次之，私田在外。井田之义，无费一家，同风俗，合巧拙，通财货。种谷不得种一谷，以备灾害，田中不得有树以妨五谷，环庐舍种桑荻杂菜，畜五母鸡、两母豕，瓜果种疆畔，女工蚕织，老者得衣帛焉，得食肉焉，死者得葬焉。多于五口，名曰余夫，以率受田二十五亩。十井共出兵车一乘。司空谨别田之高下善恶，分为三品，上田一岁一垦，中田二岁一垦，下田三岁一垦，肥饶不得独乐，硗埆不得独苦，故三年一换土易居，财均力平，兵车素定，是谓均民力，强国家。在田曰庐，在邑曰里，一里八十户，八家共一巷，中里为校室，选其耆老高德者名曰父老，其有辩护伉健者为里正，皆受倍田得乘马，父老比三老孝弟官属，里正比庶人在官之吏。民春夏出田，秋冬入保城郭。田作之时，春父老及里正

旦开门坐塾上，晏出后时者不得出，莫不持樵者不得入。五谷毕入，民皆居宅，里正趋缉绩，男女共巷，相从夜绩，至于夜中，故女工一月得四十五日作，从十月尽正月止。男女有所怨恨，相从而歌，饥者歌其食，劳者歌其事，男年六十、女年五十无子者，官衣食之，使之民间求诗，乡移于邑，邑移于国，国以闻于天子，故王者不出牖户，知尽天下所苦。十月事讫，父老教于校室，八岁者学小学，十五者学大学。其有秀者移于乡学，乡学之秀者移于庠，庠之秀者移于国学，学于小学。诸侯岁贡小学之秀者于天子，学于大学，其有秀者，命曰进士，行同而能偶，别之以射，然后爵之，士以才能进取，君以考功授官。三年耕，余一年之畜，九年耕，余三年之积，三十年耕，有十年之储，虽遇唐尧之水、殷汤之旱，民无近忧，四海之内，莫不乐其业，故曰颂声作矣。

何休于《公羊解诂》著其略如此，班固于《汉书·食货志》说亦犹然。其义盖本之《孟子》："五亩之宅，树墙下以桑，鸡豚狗彘之畜，无失其时。"而持论益备。是儒家理想之社会，岂可求之于在昔，惟嘘唏以跂望于将来斯已也。《诗》《书》《春秋》之宏议既如是也，《乐》家之说，亦有可征。《汉·食货志》莽诏曰："夫《周礼》有赊贷，《乐语》有五均，传记各有斡焉。今开赊贷、张五均、设诸斡者，所以齐众庶、抑兼并也。"邓展曰："《乐语》，《乐元语》，河间献王所传，道五均事。”臣瓒曰：“其文云：天子取诸侯之士，以立五均，则市无二贾，四民常均，强者不得困弱，富者不得要贫，则公家有余，恩及小民也。”《班志》言：“河间献王好儒，与毛生等共作《乐记》。”此所谓《乐元语》，岂非即传《诗》之毛公相与为之乎？盖六经《礼》《乐》之家，莫不各具孤怀精识，而均富一切之论，尤六艺所同归，虽百家莫能异。若曰：“富足以示贵而不至于骄，贫足以养生而不至于忧。”曰：“货恶其弃于地也不必藏于己，力恶其不出于身也不必为己。”政治学说既极恢宏，而经济思想亦最瑰杰，莽莽浩浩，足为壮观，而《礼运》云者，其为本于墨家之“余力相劳，余财相分”，不可易也。至是而周秦间之儒学，所以恢弘孔孟者，其精其备，几非孔氏、孟、荀之所能想见，是则儒之所以绌于战国而独尊于汉代者也。然则“新周”之说、“素王”之论，其亦迫于势之不得避而理之不可已者乎！自儒者之说，始乱于仲舒，易革命为改制，易井田为限田，选天子之说废，而教太子之说起，明堂议政之义隐，而诤臣讽谏之义张，学徒与考试相代兴，封建与守相相错杂，其蜕变固可考也。既乱于学官博士之术，再乱于佚经古文之说，章句训故，秕尘极目，而大义晦、微言绝。于是李寻、甘忠可、夏贺良之徒，传《包元太平》之经，以帝王之不可与言，博士之未足共论，因托其事于宗教，播其说于民间，忧患之思，可哀可惜。今《太平经》犹在，其所推极，与秦汉师说，异途同归，斯固足以征经师所传，意之所在。斯则疑“《春秋》新王”之义为“非常可怪”之论者，其亦所谓“不得其门而入，不见宗庙之美、百官之富”者也。虽然，在汉经师徒曰“王鲁”，曰“新周”，曰“孔为素王”，曰“为汉制作”，语焉不详，罕陈其度，为幻辋张，恢奇不可训。近世二庄、刘、宋、龚、魏之徒，习而称之，鲜所阐发，益滋人疑，是谓知空言而不知行实，蔽在言《春秋》而不能言《礼》。左海父子、卓人、鹿门，为能知礼制之略，而未能明制作之原，质僿无义趣，是谓知行实而不知空言，蔽在能言《礼》而忽于《春秋》。言《礼》、言《春秋》者不相谋，而为《易》《诗》《书》之家，益琐秽无统纪，无惑乎微言永晦而大义之不显也。惟井研廖师，积劬于《春秋》，乃会心于礼制，以今古之分流，决于《周官》《王制》之异同，一为从周，一为改制，百年谈之而不得其宗者，至是适海适岱，各有途归，其所以震撼一世、截断众流者，固有由也。其言曰：“《春秋》因时救弊，《春秋》有志之士，皆欲改周之文，如今之言治者，莫不欲改弦更张。《王制》所言，皆素王新制，改周从质。周末积弊多，继周当改，故寓其事于《王制》。”既从礼制以判析今古，平分江河，复由《春秋》以推明改制之所谓，汇二派以成巨流。噫！其精思伟度，真百世之一人耶！虽六变之说先后纷纭，要其不变者固别有在，以《王制》《周官》严鸿沟之划，诚未始有异也。其曰“古文为史学，今文为哲学”，终为定论。而后生不达，疑阻横生，骇其恢奇，遂迷津逮。及乎末流浮丽，益乘之而滔滔，肆为不根之说，其甚者至以《周官》《左氏》凡诸古文经传，皆作于新室，狂论一倡，举世为靡，岂思周人之旧规，翻足以开王莽之新治耶？夫王莽之为社会政策，而《周官》为封建制度，宜在近世，夫人而知之，即平不平等之间，乖隔已远，周与莽政，冰炭难谐，苟并为一谈，则岂徒昧经，亦暗于史，甚非今日所应为之说也。乃扬波竞逐之流，曾不知此，又猥自标置曰超今文学，以虚诡之说相夸煽，诬古人而欺后生，斯又下耶。惜哉！自古文之学盛而经术晦、哲学绝，乱师儒之微言于姬周之史迹，凡经训所陈"革政"之义，其为建国宏规、政治理想，体大而思精者，说且不明，安望见之于行事？于是儒之为儒，高者谈性命，卑者坏形体，所谓"经世之志""天子之事"者，暗而不彰；以后生之惛昧，疑先哲为狂愚，是亦学与政俱废之所由也。今浮丘、高堂之学虽久蔀，若起其沉疴，振其绝绪，尤足以为致治之术、立国之规，侈谈民族文化者，其亦在此而不在彼耶！是则钩索坠文，表此孤义，所为削楮而慨然者也。

漆雕之儒考

《韩非·显学》言："儒分为八，墨离为三。"其一有漆雕氏之儒。又曰："漆雕之议，不色挠，不目逃，行曲则违于臧获，行直则怒于诸侯。"孟子称："北宫黝之养勇也，不肤挠，不目逃，思以一毫挫于人，若挞之于市朝；不受于褐宽博，亦不受于万乘之君，视刺万乘之君，若刺褐夫，无严诸侯；恶声至，必反之。"则北宫黝者，正所谓漆雕氏之徒，殆儒而侠者也。孟子又曰："孟施舍之所养勇也，曰：'视不胜，犹胜也。量敌而后进，虑胜而后会，是畏三军者也。舍岂能为必胜哉？能无惧而已矣。'曾子谓子襄曰：'子好勇乎？吾尝闻大勇于夫子矣：自反而不缩，虽褐宽博，吾不惴焉；自反而缩，虽千万人吾往矣。'"漆雕氏行直、行曲，即曾子自反而缩、不缩之谓。孟子言："孟施舍似曾子，北宫黝似子夏。"但孟子书徒言三子之勇，而子夏之勇无闻。考《韩诗外传》六言：子夏与公孙悁论勇谓："所贵为士者，上摄万乘，下不敢敖乎匹夫；外立节矜，而敌不侵扰；内禁残害，而君不危殆；是士之所长，君子之所致贵也。若夫以长掩短，以众暴寡，凌轹无罪之民，而成威于闾巷之间者，是士之甚毒，而君子之所致恶也，众之所诛锄也。”此足以见子夏之勇，而补孟子书之所遗；要皆漆雕之儒所传也。《说苑·立节》子路曰：“不能勤苦，不能恬贫穷，不能轻死亡，而曰我能行义，吾不信也。”孟子言：“富贵不能淫，贫贱不能移，威武不能屈，此之谓大丈夫。”子路之说，孟氏之义似之也。“子路问强，子曰：‘南方之强欤？北方之强欤？抑而强欤？宽柔以教，不暴无道，南方之强也。衽金革，死而不厌，北方之强也。故君子和而不流，强哉矫。中立而不倚，强哉矫。国有道，不变塞焉，强哉矫。国无道，至死不变，强哉矫。’”智、仁、勇三者，固为儒家之达德，故曰：“三军可夺帅，匹夫不可夺志。”“白刃可蹈，中庸不可能。”明儒者之以勇为教。“志士不忘在沟壑，勇士不忘丧其元。”此太史公列原宪于游侠之首者也。余杭章枚叔谓宋儒于《礼记》中取《大学》《中庸》合《论》《孟》以为教，而实应兼取《儒行》一篇。以漆雕言之，则儒行者，其漆雕之儒之所传乎？其曰：

> 儒有爱其死以有待也，养其身以有为也。儒有委之以货财，淹之以乐好，见利不亏其义。劫之以众，沮之以兵，见死不更其守。儒有可亲而不可劫也，可杀而不可辱也。其居处不淫，其饮食不溽。儒有忠信以为甲胄，礼义以为干橹，戴仁而行，抱义而

> 处，虽有暴政，不更其所。儒有一亩之宫，环堵之室，荜门圭窬，蓬户瓮牖，易衣而出，并日而食，上答之，不敢以疑，上不答，不敢以谄。儒有身可危而志不可夺也，虽危起居，竟申其志，犹将不忘百姓之病也。儒有推贤而进，达之不望其报，君得其志，苟利国家，不求富贵。儒有爵禄相先也，患难相死也。儒有治世不轻，乱世不沮。儒有上不臣天子，下不事诸侯，砥厉廉隅，虽分国如锱铢，不臣不仕。儒有合志同方，相下不厌，久不相见，虽流言不信。

《儒行》一篇，凡十七义，而合乎游侠之事，十有一焉。得不谓为漆雕氏儒之所传乎？今之说者，以孔氏曰“丘也殷人也”，谓为亡国之民，亟称荀、墨所訾无廉耻而嗜饮食，以为儒病。夫孰知儒之廉厉刚毅，正以亡国之余而抗节不挠，有如是哉！蒙古残宋，而元世有侠书十三事，如不拜胡人之类，虽谓之大合于儒道可也。儒学之盛于中国，莫纯于汉宋。以三国之世观之，士大夫节义之烈莫是过。以南宋之末观之，士大夫成仁死难之众，亦莫是过。明之末亦若是，则真可以见儒者也。今之说者，以春秋之宋亦为殷余，举宋人之愚戆，嘲宋且以詈儒。是不然。善论《春秋》者，莫如顾栋高，顾氏于《宋郑执政表》之言曰：“世尝谓郑庄公铢事而黠，宋襄公喜事而狂；然此二者，两国遂成风俗。郑明事势，识利害，常首鼠晋楚两大国之间，贪利若鹜，弃信如土，投骨于地，就而食之，摇尾乞怜者，郑之谓也。昼伏夜行，窃食盆盎，常惧人觉者，郑之谓也。其术常出于顽钝无耻，卑污忍垢。尝以列国之情譬之，秦楚如虎狼，郑如黠鼠，宋如猘犬，鼠之嚙物也以渐，犬之噬也以暴。”又曰：“春秋时，宋最喜事，春秋之变局，多自宋起。”顾氏于宋郑之情，论之最澈。而今之为言者，适得其反者何耶？《左氏》宣十四年传言：“楚子使申舟聘于齐，曰：‘无假道于宋。’及宋，宋人止之。华元曰：‘过我而不假道，鄙我也。鄙我，亡也。杀其使者，必伐我。伐我，亦亡也。亡一也。’乃杀之。”《说苑》十二言：“晋楚之君，相与为好，会于宛丘之上。宋使人往之，晋楚之大夫曰：‘趣以天子礼见于吾君，我为子见焉。’使者曰：‘冠虽弊，宜加其上；履虽新，宜居其下。周室虽微，诸侯未之能易也。师升宋城，犹不更臣之服也。’揖而去之。诸大夫瞿然，遂以诸侯之礼见之。”凡此皆以见宋之崛强为何如哉！夫岂与郑人之“晋楚与其来者可也，晋楚无信，我焉得有信”，“牺牲玉帛，待于二境，以待强者”，所可共日而语耶！此殷余之慷慨轩昂，正儒而侠之风所由本也。《韩非》言：“儒以文乱法，侠以武犯禁。”知儒侠者，皆法家之所绌也。商君教秦，使民勇于公战，怯于私斗。而《货殖列传》言：“齐俗怯于公战，勇于持刺（私斗）。”持刺者，正侠之所有事，知儒与侠固并盛于山东。荀卿言：“秦无儒。”而秦亦厉禁游侠复仇。是山东西之所尚，显而有辨也。自春秋之降而为战国，于是官失其学，而有游学之儒。游侠之事，殆亦类此。《周官》司右："掌群右之政令，凡军旅会同，合其车之卒伍，而比其乘，属其右。凡国之勇力之士，能用五兵者属焉，掌其政令。"《左氏》成十八年传："荀宾为右，司士属焉，使训勇力之士时使。"杜注："勇力皆车右也。"此周制之尚武勇之士以为右也。《左氏》文二年传言："秦晋之战于殽也，梁弘御戎，莱驹为右。战（彭衙之战）之明日，晋襄公缚秦囚，使莱驹以戈斩之。囚呼，莱驹失戈，狼瞫取戈以斩囚，禽之以从公乘，遂以为右。"勇者为右，车战之旧也，故狼瞫曰："吾以勇求右。"《晋语》亦言："少室周为赵简子右。闻牛谈有力士，请与之戏。弗胜，致右焉。"此亦胜者为右之事也。《说苑》四言："雍门子狄语齐王曰：'昔者王田于囿，左毂鸣，车右请死之。'王曰：'子何为死？'车右对曰：'为其鸣吾君也。'王曰：'左毂鸣者，工师之罪也。子何事之有焉。'车右曰：'臣不见工师之乘，而见其鸣吾君也。'遂刎而死。"又言："齐庄公伐莒，杞梁、华舟下斗，获甲首三百，坏军陷陈，三军弗敢当。至莒城下，莒人以炭置地，二人立，有间，不能入。隰侯重为右，曰：'吾闻古之士，犯患涉难者，其去遂于物也，来吾逾子。'隰侯重仗楯伏炭，二子乘而入，顾而哭之。"此皆见车右之以侠为节。及战国车战废而为徒兵，车右废而游侠、刺客以兴，则刺客、游侠者，车右之变，正亦官失而在野之比也。《吴越春秋》言庆忌之勇："筋骨果劲，万人莫当，走追奔兽，手接飞鸟。"言要离之弱："迎风则僵，负风则伏。”而卒刺庆忌。《吕氏春秋》称要离之对吴王曰：“士患不勇耳，奚患于不能？”要离之说，诚有似孟施舍之养勇。夫勇之固有其道，侠之固有其义，孔氏之传，以得漆雕之儒而益光。墨氏之徒，可使赴汤蹈火；孔氏之义，以战陈无勇为非孝。墨固侠而儒亦侠，家派之学，虽微足征，特综辑之事难耳。兹备论漆雕之儒，以明近人说儒之不根，俾无为世惑，且以存孤绪绝学，俟诸百世。

浮丘伯传

齐人浮丘伯(《汉书·儒林传》),孙卿门人也(《汉书·楚元王交列传》)。受业为名儒(刘向《上荀子序》)。秦始皇既吞天下,乃召群臣而议曰:“古者五帝禅贤,三王世继,孰是?将为之。”博士七十人未对,鲍白令之对曰:“天下官则让贤是也,天下家则世继是也,故五帝以天下为官,三王以天下为家。”秦始皇帝仰天而叹曰:“吾德出于五帝,吾将官天下,谁可使代我后者?”鲍白令之对曰:“陛下行桀纣之道,欲为五帝之禅,非陛下所能行也。”秦始皇帝大怒曰:“令之前!若何以言我行桀纣之道也?趣说之,不解则死。”令之对曰:“臣请说之。陛下筑台干云,宫殿五里,建千石之钟,万石之虡,妇女连百,倡优累千,兴作骊山宫室至雍,相继不绝。所以自奉者殚天下,竭民力,偏驳自私,不能以及人。陛下所谓自营仅存之主也,何暇比德五帝,欲官天下哉?”始皇暗然无以应之,面有惭色。久之,曰:“令之之言,乃令众丑我。”遂罢谋,无禅意也(《说苑·至公》)。昔李斯与包丘子俱事荀卿,既而李斯入秦,遂取三公,据万乘以制海内,功侔伊、望,名巨太山。而包丘子不免于瓮牖蒿庐,饭麻蓬藜,修道白屋之下,乐其志,安之于广厦刍豢(《盐铁论·毁学》)。楚元王交少时尝与鲁穆生、白生、申公俱受《诗》于浮丘伯,及秦焚书各别去(《楚元王传》)。汉兴,高祖过鲁,申公以弟子从师入见于鲁南宫。吕太后时,浮丘伯在长安,楚元王遣子郢与申公俱卒学(《儒林传》)。鲍丘之德,非不高于李斯、赵高也,然伏隐于蒿庐之下,而不录于世(《新语·资质》),卒死于沟壑而已(《盐铁论·毁学》)。文帝时,闻申公为《诗》最精,以为博士。元王好《诗》,诸子皆读《诗》,申公始为《诗传》,号《鲁诗》,元王亦次之《诗传》,号《元王诗》(《楚元王传》)。申公卒,以《诗》《春秋》授穀梁,而瑕丘江公尽能传之(《儒林传》)。

鲍丘、包丘,即浮丘也。鲍白令之为鲍丘之误,说见《儒家政治思想》篇中。

论墨学源流与儒墨汇合

《墨子》书备三墨之学

《韩非子》言："自墨子之死也，有相里氏之墨、相夫氏之墨（孙仲颂据《元和姓纂》作伯夫氏）、有邓陵氏之墨。"故墨离为三。三墨之说，世莫能明。故友唐迪风氏，以为《耕柱篇》"县子硕问于墨子曰：'为义孰为大务？'墨子曰：'譬若筑墙然。能筑者筑，能实壤者实壤，能欣者欣，然后墙成也。为义犹是也。能谈辩者谈辩，能说书者说书，能从事者从事，然后义事成也。'"谈辩、说书、从事，三者是三墨也。以墨书证墨派，唐氏之说，最为得之。以余之懵瞀，请伸其旨。《庄子》言："相里勤之弟子，五侯之徒，南方之墨者，苦获、已齿、邓陵子之属，俱诵《墨经》，而倍谲不同，相谓别墨。以坚白、同异之辩相訾，以畸偶不仵之辞相应。以巨子为圣人，皆愿为之尸，冀得为其后世。"此南方之墨以坚白为辩者也。《吕氏春秋·去宥》言："东方之墨者谢子(《说苑·杂言》作祁射子),将西见秦惠王,惠王问秦之墨者唐姑果(《淮南子·修务》作唐姑梁)。唐姑果恐王之视谢子贤于己也,对曰:'谢子,东方之辩士也,其为人甚险,将奋于说以取少主也。'王因藏怒以待之。谢子至,说王,王弗听。谢子不说,遂辞而行。"此祁谢子为东方之墨,固奋于权说(《淮南子》作"固权说以取少主")。唐姑梁为秦之墨,反对权说,将重实行者也。则三墨者,即南方之墨、东方之墨、秦之墨。秦之墨为从事一派,东方之墨为说书一派,南方之墨为谈辩一派,此墨离为三也。请再就《墨子》书七十一篇论之。

俞荫甫氏言:"今观《尚贤》《尚同》《兼爱》《非攻》《节用》《节葬》《天志》《明鬼》《非乐》《非命》,皆分上、中、下三篇,字句小异,而大旨无殊。意者此乃相里、相夫、邓陵三家相传之本不同,后人合以成书,故一篇而有三乎?墨氏弟子,网罗放失,参考异同,具有条理。较之儒分为八,至今遂无考者,转似过之。"俞氏之论,最为庸陋,篇分为三,即为三家,《经》有上下,又将何说?内不足以概墨氏各篇之书,外不足以定诸子分篇之说,戏论已耳。以今《墨子》书七十一篇言之,《经》上下、《经说》上下、《大取》、《小取》诸篇,此邓陵之属所诵《墨经》,坚白、同异之辩,属于南方之墨,世之学者,恒知之也。自《备城门》以下廿篇,所列攻具十二之类,此所谓从事之墨。其间颇有秦制,此非秦之墨而唐姑梁辈之书乎?《墨子·备城门篇五十二》言:

“守法：五十步，丈夫十人，丁女二十人，老小十人，计之五十步四十人。城下楼卒，率一步一人，二十步二十人。城小大以此率之，乃足以守圉。”“广五百步之队，丈夫千人，丁女子二千人，老小千人，凡四千人而足以应之，此守术之数也。”《号令篇七十》又言：“诸男女（当作子）有守于城上者，计六弩四兵。丁女子老少人一矛。卒有警事，中军疾击鼓者三，城上道路、里中巷街皆无得行，行者斩。女子到大军令行者，男子行左，女子行右，无并行。皆就其守，不从令者斩。”女子服兵役，于古无征，有之惟秦耳。《商君书·兵守》言：“三军：壮男为一军，壮女为一军，男女之老弱者为一军，此之谓三军也。壮男之军，使盛食厉兵，陈而待敌。壮女之军，使盛食负垒，陈而待令。老弱之军，使牧牛马羊彘，草水之可食者，收而食之，以获其壮男女之食。而慎使三军无相过。壮男过壮女之军，则男贵女而奸民有从谋而国亡。”此秦人女子服兵役之说也。《史记集解》引《古史考》言：“秦用商鞅计，制爵二十等，以战获首级者，计而受爵，是以秦人每战胜，老弱妇女皆死，计功赏至万数。”此秦之妇女以死于陈战，或获首级受爵之说也。《魏氏阳秋》陈群奏云：“典籍之文，妇人无分土命爵之制，在礼妇因夫爵。秦违古法，非先王之令典。”此秦妇人有爵之说也。惟秦妇人以获首级受爵，而丁女服兵役，乃《墨子》书有女子战守事，非秦之墨者为之说而何耶？严助谓秦时“丁男被甲，丁女转输”，事反取证于墨翟、商鞅之书。然则《穀梁》家所谓秦“乱人子女之教，无男女之别者”，以秦人之责任权利，无男女之别也（别详余《秦为戎族考》）。《迎敌祠篇》云：“城上五步有伍长，十步有什长。”《备城门篇》云：“城上十人一什长，属一吏士，一帛（伯）尉，百步一亭，亭一尉。”《商君列传》言：“商鞅令民为什伍。”《汉书·百官表》云：“县令长皆秦置。皆有丞尉。大率十里一亭，亭有长。十亭一乡，乡有三老、有秩、啬夫、游徼，乡亭亦如之。皆秦制也。”审是，伍长、什长秦制也，亭尉亦秦制也，县令丞尉、乡三老，皆秦制也。《备城门》言：“召三老在葆宫中者。”《号令篇》言：“三老守闾。”又言：“三老不得入家人。”又言：“令丞尉亡得入当，满十人以上，令丞尉夺爵各二级，百人以上，令丞尉免以卒戍。”皆符于秦制，此非秦之墨之书乎？《号令篇》言：“自死罪以上皆遝父母妻子同产。”“归敌者，父母妻子同产皆车裂。”“奸民之所谋为外心，罪车裂。”应劭曰：“秦法：一人有罪，并坐其家室。”商君、宋留之属，皆车裂以死，此亦秦法也。《号令篇》又言：“出内畜产，皆各以其贾倍偿之。又用其贾贵贱多少赐爵，欲为吏者许之，其不欲为吏，而欲以受赐赏爵禄，若赎出亲戚所知罪人者，以令许之。”此鬻爵赎罪之事，亦秦法也。《本纪》言：“百姓纳粟千石，拜爵一级。”而“赐爵一级以上，有罪以减”，《汉官旧仪》称秦制是也。若曰：“以城为外谋者三族。”又曰：“以令为除死罪二人，城旦四人。”三族、城旦，皆秦刑也。

有关内侯、五大夫、公乘，皆秦爵也。有太守、谒者、中涓，皆秦官也。赐爵以级，而禄以石，莫非秦制。皆一一见诸《墨子》此二十篇中，则此二十篇者，非秦之墨耶？苏氏说焉不详，徒以《号令篇》有秦官为言，以为商鞅辈作而墨学者取之。然自《备城门》诸篇，显言墨子、禽滑厘问对，则何以谓其非墨家之书，而墨家取之？孙氏斥驳苏义，惟言秦官之袭于旧者，而无以解于秦官之不同于旧者。自《备城门》以下诸篇，备见秦人独有之制，何以谓其不为秦人之书？是二说者，皆不可以洽人意。推而明之，其为秦墨之书无惑也。

墨之书，其后者为秦墨之说既明。中者《经》上下、《经说》上下、《大取》、《小取》为南方之墨，《庄子》有明文，无待详说。则其前者《亲士》《所染》《兼爱》《非攻》《尚贤》《尚同》之属数十篇，自为东方之墨之书无惑也。《淮南》谓："墨者学儒者之业，受孔子之术。"是说也，不可于《墨子》书中下二部求之，而于上部寻之则合也。余于《中国史学史》中，备论诸子所据列国史籍不同，《诗》《书》《礼》《乐》号为六艺者，此为邹鲁东方之书，而非列国之所有也。故《庄子》言："其在《诗》《书》《礼》《乐》《易》《春秋》者，邹鲁之士、搢绅先生皆能明之。"惟其为东方所独有，故韩宣子适鲁始见《易象》《春秋》，而季札来聘乃见周乐也。诸子称引《诗》《书》者，儒家孟、荀而外，惟《墨子·尚同》《天志》之属诸篇。此《墨子》书前部数十篇出于东方之墨无疑也。惟《墨子》书赞仁义，法先王，尚文学，明《诗》《书》，与儒家同，则以同为东方之术耳。余惟邹衍阴阳家者流亦归本于仁义节俭，亦以其为齐人之学耳。自余刑名、道德之俦，绝无诵《诗》《书》，道仁义，敬天而上贤者。凡道法诸家之与儒异，皆即墨者之与儒同。此论周秦学术之一大限，在此而不在彼也。则墨书前二十余篇之为东方之墨，夫复何疑？然后知《耕柱篇》之别“谈辩”与“说书”者，《经》《说》之类为谈辩、为坚白同异之论，《尚同》《明鬼》之类为说书，为演畅墨家之义也。

今存《墨子》书十五卷，既三墨皆备，而七十一篇中有录无书者二十篇，则亦有说。如《节用》存上、中而阙下篇，《节葬》阙上、中而存下篇，《明鬼》阙上、中而存下篇，《非乐》存上篇而阙中、下，《非儒》亦独存下篇，斯皆亡佚之显然者。然细究之，惟《尚贤》三篇乃不相复，而《尚同》下篇则若与中篇相复，《兼爱》下篇亦与中篇相复，《非攻》下篇亦与上、中相复，《天志》中既略同上篇，而下篇又同于中篇，且又多同《非攻》中篇，《非命》中、下亦略同上篇，是墨书存者，仍多可删。词意复重，何须别录？于其存者，知应从刘向“除其复重”之例，则其亡者，知为写书时以不须重复而空之，盖不必惜墨书之亡，而应憾墨书除复重之未尽也。则谓七十篇有羡无佚可也。再进而论之，墨书首《亲士》等七篇，《亲士》《修身》《所染》，言尚贤也；《法仪》，则天志也；《七患》《辞过》，则节用也；《三辩》，则非乐也。篇申一义，有似荀韩诸书，此为一类。《尚贤》终于《非儒》，又为一类。《经》上、下终《大、小取》，名家言为一类。《耕柱》至《公输》，此五篇又一类。《备城门》终《杂守》，又一类。《耕柱》等篇似《论语》《孟子》，为条记墨子言行，殆墨书之最早者。《耕柱》言明鬼者一事，言兼爱者二事，言非攻者四事，言非儒者一事。《贵义》一篇，言尚贤、非攻各一事。《公孟篇》中，言非儒者五事，明鬼者三事，非乐者一事。《鲁问篇》中，言非攻者七事，言明鬼者三事。《公输》一篇，仅记非攻一事而已。窃谓《耕柱》五篇，于墨书为最先，《亲士》七篇次之，《尚贤》终《非儒》为最晚。先者杂记言事以见义，次之采集言谈类次之，篇为一义，最后则以十大义为目，缀集而敷陈之。意者，《耕柱》五篇次于《大、小取》后，而下连《备城门》诸篇，倘秦之墨所传乎？秦之墨重行而不重言，传墨子言行，即依最先之本以说以教，无所损益改作，而所究力者，专在守御之事。东方之墨，称说为繁，故条理而品次之，以成《亲士》《尚贤》诸篇。《尚贤》诸篇，倘又南方之墨所资以为谈辩者乎？东方之墨，似不应仅传七篇之书，盖东墨之书，多包于南墨之中，宜南墨成书最晚，而论述之形式益进。则墨书备三墨，而三墨之精神各异，三墨之持说方式又各不同也。

墨学原始与《晏子》

既已详论墨学之流派，而于墨学之来源，亦试进而言之。《淮南子》言："哀公好儒而削，代君为墨而残。"鲁之有儒，同于代之有墨。儒以鲁为中心为根据，则墨以代为中心为根据。至少代亦墨学大行之地。代为春秋时之北戎，此夷狄之国也。《吕氏春秋》云："司马喜难墨者师于中山王前以非攻。墨者师曰：'今赵兴兵而攻中山，相国将是之乎？'司马喜无以应。"此中山亦墨学所行之国，而中山又春秋时之鲜虞，亦夷狄之国也。《韩非子》言："赵主父使李疵视中山可攻不也，还报曰：'中山可伐也。其君见好岩穴之士，所倾舆车以见穷闾隘巷之士以十数，伉礼下布衣之士以百数矣。'君曰：'以子言，是贤君，安可攻？'疵曰："不然。夫好显岩穴之士而朝之，则战士怠于行陈；上尊学者，下士居朝，则农夫惰于田。战士怠于行陈，则兵弱也；农夫惰于田者，则国贫也。兵弱于敌，国贫于内，而不亡者，未之有也。'"李疵之言，与赵威后见齐使者之言，思想一致。其言曰："苟无岁，何以有民？苟无民，何以有君？钟离子无恙耶？叶阳子无恙耶？北宫之女婴儿子无恙耶？于陵子仲尚存乎？是其为人也，上不臣于王，下不作其家，中不索交于诸侯。此率民而出于无用者，何为至今不杀乎？"陈仲子在东方为贤士，在三晋为赘民。李疵、威后之言，皆见赵人之贱礼化而重功利，不必武灵王之胡服骑射为然。是三晋之在昔，已为法家思想所弥漫，此东西两大思想之界断也。李疵所言之中山，正尚贤尊学之墨道。《寰宇记》引《战国策》言“中山专行仁义，尚儒学”(此为广义之儒，凡诸子稷下之俦皆称儒)，仁义亦墨家所乐道者也。墨学之盛，而行之者乃代与中山，皆夷狄之国。以墨子言之，《元和姓纂》谓：“墨氏，孤竹君之后，本墨台氏，后改为墨氏。战国时宋人墨翟著书号《墨子》。”墨子出于孤竹，而章枚叔氏固以孤竹非中国之族，伯夷、叔齐非中国之人，墨台非中国之姓，已有明说也。则墨学不得为中国之教也。曰“夷俗仁”，曰“东夷天性柔顺”，曰“徐偃王好行仁义”，徐亦东夷也。是墨之言仁义，固东夷孤竹之旧俗。吾尝论赤狄之南下太行，东逾清济，固挟山戎诸族以俱来。《檀弓》《新序》俱言：“孔子过泰山侧，有妇人哭于路者，曰往年虎食我夫，今年虎食我子。”《檀弓》以为泰山侧，《新序·杂事》记此事为“孔子北之山戎氏”。此山戎之已来泰山，赤狄合长狄以居于宋、鲁、曹、卫诸国之间，墨翟之为鲁人抑宋人，正以长狄、山戎之居，而孤竹之裔与同处也(别详《周秦民族史》)。则墨学为代与山戎、孤竹、东夷、貉族之教，鲜虞建国亦奉之，故墨学之根据在代、中山。其被于中国也，以地域之殊，而有东方之墨、南方之墨、秦之墨；而三者又未必为原始之墨学也。余既伸唐氏之说，论墨学之流，以辨俞、孙之未谛。忆唐氏于昔墨学大行之际，恒厌其说，曰：“是殆出夷狄之教也。”惜良友云殁，安得以此论起而质之。更有进者，柳宗元《辨晏子春秋》，谓：“疑其墨子之徒有齐人者为之。墨好俭，晏子以俭名于世，故墨子之徒尊著其事，以增高为己术者。且其旨多尚同、兼爱、非乐、节用、非厚葬久丧者，是皆出墨子。又非孔子，好言鬼事，非儒明鬼，又出墨子。又往往言墨子闻其道而称之，此甚显白者。非墨子之徒，则其言不若是。非晏子之为墨也，为是书者，墨之道也。”按柳氏疑《晏子》书作于墨氏之徒，然今以《墨子》书衡之，墨诚近于儒而大远于道德、法家者。墨之非儒，恒以晏子为说，见于《非儒篇》者如是，见于《孔丛·诘墨篇》者亦然，是不可谓墨之非祖于晏也。《晏子》书外篇第七、第八，其讥短仲尼者尤多，凡八九事，晏固非儒，而墨子因之。《晏子·内篇问》《内篇杂》中，亦著有墨子颂晏之文，则墨之果仿于晏也。柳氏论《晏子》书中多尚同、兼爱、非乐、节用、非厚葬久丧，又非儒、明鬼，此正晏墨一源，晏为未至成熟之墨学，墨则晏子思想之推至于极者。盖春秋末之子产，颇邻于后来之商、韩，子产诚亦法家之先河，而商、韩之属为其后劲，此固治周秦哲学者所应晓然者也。《史记·管晏列传》言：“晏平仲婴者，莱之夷维人也。”刘向《别录》曰：“莱者，今东莱地也。”东莱地于春秋为莱夷，而齐灭之。是晏婴者，诚莱之裔而东夷之族，固与山戎、孤竹之属同出一系，则晏子为墨学之前驱，诚非诬欤！是所以伸唐氏之义，愿质于世之为墨学者。

儒墨合流与《尸子》

班固言："墨家者流，盖出于清庙之守，茅屋采椽，是以贵俭，养三老五更，是以兼爱，选士大射，是以尚贤，宗祀严父，是以右鬼，顺四时而行，是以非命，以孝视天下，是以尚同。"此盖墨家师说也，亦见墨家之学，重于明堂。颍容《春秋释例》曰："太庙有八名，其体一也。肃然清静，谓之清庙；行禘祫，叙昭穆，谓之太庙；告朔行政，谓之明堂；行飨射，养国老，谓之辟雍；占云物，望氛祥，谓之灵台；其四门之学，谓之太学；其中室，谓之太室；总谓之宫。"蔡邕《月令章句》亦略与之同。郑玄《驳五经异义》曰："天子曰辟雍。天子将出征，受命于祖，受成于学，出征执有罪，反释奠于学，以讯馘告，大学即辟雍也。"阮元《明堂论》约举其事曰："明堂者，天子所居之初名也，是故祀上帝则于是，祭先祖则于是，朝诸侯则于是，养老、尊贤、教国子则于是，飨射、献俘馘则于是，治天文告朔则于是，抑且天子寝食恒于是。"而《尚书》言尧舜禅让，则曰"受终于文祖"（郑注："文祖者，五府之大名，犹周之明堂。"桓谭《新论》言："尧谓之五府。"）言巡狩，则曰"归格于艺祖"。（郑注："艺祖，犹周之明堂。"）文祖、艺祖，经训皆以为大庙，即明堂也。前论汉师之微言，若封禅之言禅让天子，巡狩之言黜陟诸侯，辟雍之选贤，明堂之议政，凡诸大端，莫不归本于明堂，导源于墨子。以极端平等之思想，摧破周秦阶级之政治，墨家之要义，一变而为儒者之大经。自取墨以为儒，而儒之宏卓为不可及也。非入汉而墨翟之学失其传，殆墨学之精入于儒，而儒遂独尊于百世也。而论明堂最能推明本义者，则为《尸子》，《尸子》固为诵法墨子者也。《尸子》有《止楚师》一篇，即公输般攻宋事，其曰："禹之治水，死陵葬陵，死泽葬泽，桐棺三寸，制丧三日。舜死南巴，衣衾三领。"皆本《墨子》以为说也。《尸子》书虽不完，然本诸儒墨者十八九，并儒墨为一家者，未有先于《尸子》者也。其《明堂》一篇，以下天下之士为主，论士之不可妄杀，其言曰：

> 古者明王之求贤也，不避远近，不论贵贱，卑爵以下贤，轻身以先士，故尧从舜于畎亩之中，北面而见之，不争礼貌，此先王之所以能正天地、利万物之故也。今诸侯之君，广其土地之富，而奋其兵革之强，以骄士；士亦务其德行，美其道术以轻上，此仁者之所非也。曾子曰："取人者必畏，与人者必骄。"今说者怀畏，而听者怀骄，以此行义，不亦难乎？非求贤务士而能致大名于天下者，未之尝闻也。夫士不可妄致也。……是故曰：待士不敬，举士不信，则善士不往焉。听言耳目不瞿，视听不深，则善言不往焉。孔子曰："大哉河海乎，下之也。"夫河下天下之川故广，人下天下之士故大。故曰：下士者得贤，下敌者得友，下众者得誉。故度于往古，观于先王，非

求贤务士而能立功于天下、成名于后世者，未之尝有也。夫求士不遵其道而能致士者，未之尝见也。然则先王之道可知已。

明堂之义，倘鉴于稷下列大夫之事、战国养士游说之风而起乎！士之谄与不恭两不可，而上下交有失，此《尸子》所以申明堂。若五室、九室者，非《尸子》所屑论，此所以为独探本义者也。其《君治篇》曰："黄帝曰合宫，有虞氏曰总章，殷人曰阳馆，周人曰明堂。"此申明堂议政之义也。曰："尧立诽谤之木，禹有进善之鼓。"此亦申明堂议政之义也。《管子书》亦言："黄帝立明台之议，上观于贤也；尧有衢室之问，下听于民也；舜有告善之旌，而主不蔽也；禹立谏鼓于朝，而备评谣也；汤有总街之庭，以观人诽也；武王有灵台之复，贤者进也。"《吕氏春秋》亦言："尧有欲谏之鼓，舜有诽谤之木，汤有司过之士，武王有戒慎之鞀。"是皆一时明堂之论，蜂起猬集，而《吕氏》论明堂尤明备，斯正战国君权扩张之极，而庶人议政之说以兴。《管子》《尸子》书皆最晚，其曰尸佼、曰管仲云者，固不足论也。孟子曰："民为贵。"荀子言："天之生民，非为君也；天之立君，以为民也。"而《吕氏春秋》乃言："天下者，天下之天下也。"此其为说，度越孟荀者益远。舍明堂，将何以举"天下之天下"之实。而论明堂之精，无过于《尸子》，义则本之于墨家。《尸子》以"周公反政为不圣，以天下让，不为兆民"，以"桀纣令天下而不行，禁天下而不止，故不得臣天下"，斯固儒家之言，亦合墨家之义。班固言："尸子，名佼，鲁人。"《后汉书》注言："《佼书》十九篇，陈道德仁义之纪。"今其佚文，颇举孔子及群弟子之言，则尸子固亦鲁之儒者而穀梁氏之徒欤！其书十九皆通乎儒墨之义，是周秦之间，合儒墨于一辙者，固未有先于《尸子》者也。至《礼运》一篇，其为儒家之取于墨而又大进于墨，义尤显著，试伸论之。

伍非百氏《墨子大义述》云：

> 《礼运》大同之说，颇与儒家言出入，学者或疑为非孔氏书，或以为学老庄者糁入之。实则墨子之说，而援之以入儒耳。盖儒者数传之后，墨家兼爱、尚同之理想，已大见重于人世。孔子所谓尧舜犹病者，而墨子以为实行不难，子游弟子等，乃援儒入墨，谓仲尼亦有此说云耳。明知墨家之兼爱，与儒家之礼不相合，别为大同、小康二说，谓姑先行小康之治，以徐跂于大同，此《礼运》之所由作也。《礼运》大同说，与其他儒家言不甚合，而与《墨子》书意义多符，文句亦无甚远。天下为公，则尚同也；选贤与能，则尚贤也；讲信修睦，则非攻也；不独亲其亲，不独子其子，则兼爱也；货恶其弃于地，力恶其不出于身，则节用、非命也；使老有所终、壮有所用、幼有所长，矜鳏寡孤独废疾者皆有所养，则老而无妻子者有所侍养以终其寿，幼弱孤童之无父母者有所依放以长其身之文也；货

不必藏于己，力不必为己，则余力相劳、余财相分、余道相教之义也；谋诈闭而不用，盗贼窃乱不作，亦盗贼无有、谁窃谁乱之语也。总观全文，大抵摭拾《墨子》之文，其为墨家思想甚为显著。

又谓："篇中下文，圣人能使天下为一家，中国为一人，亦《墨子·尚同篇》语。"儒家之取于《墨子》，伍氏之说最为透切。墨既托夏，而儒之取墨，亦不谓之墨法，而托之法夏。法夏，从墨之义也。究之《礼运》一书，取之墨而义又有进于墨者。班氏言墨"见俭之利，因以非礼"，故庄生及司马谈并言墨之非礼乐，《礼运》则于墨家非礼之后，上探礼乐之源以言之。其曰："昔者先王未有宫室，冬则居营窟，夏则居桧巢。未有火化，食草木之实、鸟兽之肉，饮其血，茹其毛。未有麻丝，衣其羽皮。后圣有作，然后修火之利，范金合土，以为台榭宫室牖户，以炮、以燔、以亨、以炙，以为醴酪。治其麻丝，以为布帛，以养生送死。"则言乎先民之初未有礼，而礼之起有不得已者存。其曰："饮食男女，人之大欲存焉；死亡贫苦，人之大恶存焉。故欲恶者，心之大端也。人藏其心，不可测度也，欲一以穷之，舍礼何以哉！"又曰："故圣王修义之柄，礼之序，以治人情。故人情者，圣王之田也。修礼以耕之，陈义以种之，讲学以耨之，本仁以聚之。故礼也者，义之实也。协诸义而协，则礼虽先王未之有，可以义起也。"则言乎礼之本于人情，可以义起，三百三千，不足泥也。故曰："礼必本于天，殽于地。”又曰：“礼必本于大一，分而为天地。”斯其独探礼乐之源，以重建礼乐之基，殆正以答墨家之难，而义已大进于墨家也。其“幽国”“僭君”之讥，正以恶乎玉帛以为礼、钟鼓以为乐者，此正孔子从先进之义也。本师廖君言：“古文家日月之騠祀，故今文家改为殷祭，盖古礼从周多繁文，今礼变周多简质。”正亦从先进之义。廖师诚屡言之。殆今文家言礼，其巨而明堂、封禅，细而丧祭、朝聘，其与古文异者，将皆以取于墨而然也。章枚叔《孝经本夏法说》曰：

> 《孝经·开宗明义章》曰：“先王有至德要道。”《释文》引郑氏说云：“禹，三王最先者。”斯义最宏远。余以郑氏综撮全经，知其皆述禹道，故以先王属禹，非凭臆言之也。禹书不存，当以《墨子》为说。《墨子》兼爱，《艺文志》序墨家者流云：“以孝视天下，是以尚同。”《三才章》曰：“先之以博爱，而民莫遗其亲。”博爱即兼爱，其征一也。《感应章》曰：“故虽天子，必有尊也，言有父也，言有兄也。”《援神契》释以“尊事三老，兄事五更”。《白虎通德论》曰：“不臣三老五更者，欲率天下为人子弟。”《艺文志》序墨家曰：“养三老五更，是以兼爱。”此又墨家所述禹道与《孝经》同，其征二也。其在《墨子》外者，《左氏传》曰：“禹会诸侯于涂山，执玉帛者万国。”《异义》引《公羊》说，殷三千诸侯，周千八百诸侯，是殷周无万国，独夏

有此。《孝经·孝治章》曰:“故得万国之欢心,以事其先王。”自非夏法,何有万国之数?其征一也。《周礼》五刑各五百,为二千五百章。《曲礼》曰“刑不上大夫”,《正义》引张逸曰:“谓所犯之罪,不在夏三千、周二千五百之科。”《书·吕刑序》曰:“吕命穆王训夏赎刑。”其书言五刑之属三千,是则条律之科,夏周有殊。《孝经·五刑章》曰:“五刑之属三千,而罪莫大于不孝。”非夏法则不得此数,其征二也。以《墨子》明大义,以《书》《礼》《春秋》辨其典章,则《孝经》皆取夏法,先王为禹,灼然明矣。

《孝经》一篇,比于《礼记》所采,义无特异,而汉儒固重视之。如称孔子曰:“吾志在《春秋》,行在《孝经》。以《春秋》属商,《孝经》属参。”《六艺论》亦谓:“孔子以六经题目不同,指意殊别,恐道离散,后世莫知根源,故作《孝经》以总会之。”甚至附会火德以重其书,于是期门羽林之士,皆令诵《孝经》,其尊若此。倘自儒取于墨,墨非乐而儒者不言《乐经》,墨尚同而儒者亟尊《孝经》欤?《淮南》谓:“墨子学儒者之业,受孔子之术。”夫儒墨同为鲁人之学,诵《诗》《书》,道仁义,则六经固儒墨之所共也。《汉书》制氏传《乐》,徒记其铿锵鼓舞,遂无《乐经》,然《礼记》之言鲁鼓、薛鼓,何殊《士礼》言升降进退之节,而乐果不可以有经耶!《吕氏春秋·察微》称《孝经》曰“高而不危,所以长守贵也”云云,是《孝经》已显于先秦之世,而《乐经》殆亡于墨学之儒也。

本师井研廖氏，以今文家言为儒家取阴阳家说。余于《儒家政治思想》一篇中，以今文为儒家有取于墨家以成其义，盖世变异，而各家之学遂有兴有废。近人每以儒家言多为世族张目，为拥护旧社会。战国之世，旧社会日即于崩溃，而儒因湮晦，及汉初而新社会乃渐底于成。然此有令人大惑不解者，儒以旧社会之崩坏而始晦，至汉世新社会已长成而儒反以大显，汉武之罢黜百家、表彰六经，非国史上之奇迹欤？斯则儒家之显，正以儒学之日新，能奄有异家之长以为我用。盖战国之世，君权扩张之时代也，惟法家能用之。儒家《春秋公羊》之徒讥世卿之类，是非孔孟之说，而《公羊》之流取法家以为说也。六王既毕，专制淫威极于暴秦，而儒家浮丘子之徒，则主于官天下以传贤而讥始皇，是已取墨家选天子之说。儒之取法家，义系于《春秋》，儒之取墨学，制具于礼家。自取法墨以为儒，而儒之宏卓益不可及。上视孔孟为旧儒学，此则为新儒学也。新时代之必以新学术，于今文之学见之。独怪墨家平等之义最协于汉代，何为取于墨之儒兴而墨反以废，久思不敢有所说。友人彭君云生曰："墨学之不宜于后世者，诚以宗教之意味过浓耳！"斯言得其要也。《论衡·福虚篇》言："儒家之徒董无心，墨家之徒缠子，相见讲道，缠子称墨家右鬼神，是引秦穆公有明德，上帝赐之九十年。缠子（应是董子）难以尧舜不赐年，桀纣不夭死。"《汉志》儒家有《董子》一卷，名无心，难墨子。墨学之明鬼、天志，以祸福邀人，儒家以贤愚祸福之事多爽难之，此最墨家所难于置答者。墨者尤欲伸论神道不验之事于文化开明之日，此则墨道之所以日微乎？

儒家法夏法殷义

今文《公羊》家言："《春秋》改周之文，从殷之质。"此继周法殷之说也。而《白虎通义》言："夏人之王教以忠，其失野，救野之失莫如敬。殷人之王教以敬，其失鬼，救鬼之失莫如文。周人之王教以文，其失薄，救薄之失莫如忠。继周尚黑，制与夏同。三者如顺连环，周而复始。"此继周法夏之说也。继周制法，殷夏孰从？二者未可并容也，今文学者胡为而有此说？是盖晚周之学，诸派渐融，舍短取长，以易旧贯，家各然也。诚以儒家之义，有取之法家者，儒法固相仇，因曰法殷，不谓取法家也。又有取之墨家者，因曰法夏，不谓取墨家也。孔孟实为护周人封建之治，维持贵族世卿之制，故曰："所谓故国者，非谓有乔木之谓也，有世臣之谓也。"又曰："为政不难，不得罪于巨室。"此儒家之维护世卿也。而《公羊》讥世卿，非儒家之一变乎？废贵族以张王权，期于君权扩张之实现，此法家之唯一宗旨也，而《公羊》取之，此非儒者之有取于法家乎？井研廖师以秦制每同今文家言，因谓秦亦尊儒，斯乃今文家之有取于法家耳。逮暴秦炽盛，而君权极矣，民治思想，于以勃兴，《礼运》大同选贤之义，纯为墨家之说，而儒者取之，由取墨取法之义兴，而从殷从夏之说起也。墨之法夏，世能言之，而法之从殷，未有论者，试略陈之。韩非书言："殷之法，弃灰于衢者刑。子贡以为重，问仲尼，仲尼曰：'弃灰于衢必燔，人必怒，怒则斗，斗则三族，虽刑之可也。'"夫"步过六尺者有罚，弃灰于道者被刑"，商鞅之治也。鞅之法本于殷，于韩非书此其证耶！荀卿书："刑名从商，爵名从周，文名从礼。"则法家之从商，荀卿之言亦可证也。《汉书·董仲舒传》云："殷人执五刑以督奸，伤肌肤以惩恶。成康不式，囹圄空虚。秦国用之，死者甚众。"则秦用殷道，固有其说也。《韩非书·奸劫弑臣篇》言："操法术之教，行重罚严诛，则可以致霸王之功。治国之有法术赏罚，犹若陆行之有犀车良马也，水行之有轻舟便楫也，乘之者遂得其成。伊尹得之汤以王，管仲得之齐以霸，商君得之秦以强。此三人者，皆明于霸王之术，察于治强之数，而不牵于世俗之言。"非子以伊尹、管仲、商君为皆尚法术，则法家之从商，不亦宜乎！《说苑·君道》著伊尹之言曰："昔者尧见人而知，舜任人然后知，禹以成功举之。夫三君之举贤，皆异道而成功，然尚有失者，况无法度而任己，直意用人，必大失矣。"则伊尹之任法度，非徒韩子言之，固传伊尹之明有是言。《御览》引（四百七十二卷）《太史公素王妙论》言："管子设轻重九府，行伊尹之术，则桓公以霸。"《管子·轻重篇》言："桓公问:'轻重有数乎?'管子对曰:'轻重无数,物发而应之,闻声而来之,故为国不能来天下之财,致天下之民,则国不可成。'桓公曰:'何谓来天下之财?'管子对曰:'昔者桀之时,女乐三万人,端噪晨乐,闻于三衢,是无不服文绣衣裳者。伊尹以薄之游女工文绣纂组,一纯得粟百钟于桀之国。夫桀之国者,天子之国也。桀无天下忧,饰妇女钟鼓之乐,故伊尹得其粟而夺之流,此之谓来天下之财。'"是史公以《管子·轻重》九府为本之伊尹,固又明见《管子》之书。则管子、商君并法伊尹,故韩非以伊、管并言,以为法术之士。则法家之自托从商,推祖伊尹,犹墨家之法夏从禹,其事明矣。《殷本纪》言:"伊尹从汤言素王及九主之事。"刘向《七略》《别录》谓:"九主者,有法君,专君,授君,劳君,等君,寄君,破君,国君,三岁社君,凡九品。"九主之说,邻于韩子之论,而素王之说,今文《公羊》家取焉以谥仲尼。则儒家之从殷而取素王之名,即本于法家之自托于商而法伊尹无惑矣。《太史公素王妙论》复言:"黄帝设五法,布之天下。如范子之徒,可谓晓之矣。子贡、吕不韦之徒颇预焉。自是后无其人,旷绝二百有余年。"范子则其后文所云"范蠡为越相"是也。则持素王之说者,以为孔子之徒子贡于法为近。是韩非称子贡弃灰之问,自亦有故。《春秋繁露·俞序》于孔作《春秋》,亦首道子贡,皆义之有因而然者耶!《俞序》复称曾子、子石,《说苑·反质》言:"子贡问子石:'子不学《诗》乎?'子石曰:

‘吾暇乎哉！父母求吾孝，兄弟求吾悌，朋友求吾信，吾暇乎哉！’子贡曰：‘请投吾师，以学于子。’”则子石者，子贡之弟子也。《说苑·杂言》复有：“子石登吴山而四望，喟然而叹息曰：‘呜呼悲哉！世有明于事情不合于人心者，有合于人心不明于事情者。’弟子问曰：‘何谓也？’”云云。是子石亦一世之师儒也。《说苑·敬慎》：“石子曰：‘《春秋》有忽然而足以亡者，国君不可以不慎也。妃妾不一足以亡，公族不亲足以亡，大臣不任足以亡，国爵不用足以亡，亲佞近谗足以亡，举百事不时足以亡，使民不节足以亡，刑罚不中足以亡，内失众心足以亡，外嫚大国足以亡。’”此又一说《春秋》之石子也。《说苑·建本》：“公扈子曰：‘有国者不可以不学《春秋》。生而尊者骄，生而富者傲，生而富贵又无鉴而自得者鲜矣。《春秋》，国之鉴也。《春秋》之中，弑君三十六，亡国五十二，诸侯奔走不得保其社稷者甚众，未有不先见而后从之者也。’”此公扈子疑即《俞序》之公肩子。昔贤言《俞序》之子池、曾子，即《公羊》家之公羊地、子鲁子。窃论子石、公扈子于此，以待治《俞序》者之择，见《春秋》先师子贡、闵子、子夏之徒，颇有足征者，其传正自广矣。

广论四篇

周代之商业

周代商业，已甚发达，今人所论，事多未谛。《酒诰》言："肇牵车牛远服贾，用孝养厥父母。"《皋陶谟》言："懋迁有无化(货)居。"知商业在西周以前，已有远服贾之影迹。《左氏》成三年传："荀罃之在楚也，郑贾人有将寘诸褚中以出。既谋之，未行，而楚人归之。贾人如晋，荀罃善视之，如实出己。贾人曰：'吾无功，敢有其实乎？吾小人，不可以厚诬君子。'遂适齐。"此郑之商人，其足迹可南至楚、北至晋、东至齐。《左氏》僖三十三年传："秦师过周及滑，郑商人弦高将市于周，遇之，以乘韦先牛十二犒师。孟明曰：'郑有备矣。'灭滑而还。"滑在今偃师县。此郑贾可西至周。是春秋初之商人，可越境贸易，非复诸侯封疆之所能限。孟子所谓"天下之商旅皆悦，而愿出于其路，藏于其市"，实春秋之时，势已如此，非至战国而始然也。郑注《玉藻》云："年大顺成，关梁不租，此周礼也。殷则关但讥而不征。"盖据《孟子》文王治岐"关市讥而不征"为说。《史记》亦言：太公于齐，“商贾辐凑，齐以冠带衣履天下”。明殷周之间，已有越境之贸易。而关市无征者，以其收入尚微耶？《墨子·尚贤中》言：“贤者之长官也，夜寝夙兴，收敛关市、山林、泽梁之利，以实官府，是以官府实而财不散。”此关市之税，在墨子之时已于国家收入占重要地位。《周官·太宰》：“以九赋敛财贿，……七曰关市之赋，八曰山泽之赋。”是又不必至墨子时始重视之。春秋初年，已见越境之商人，而太宰有关市之赋，盖其事之相因也。《左氏》文十一年传：“初，宋武公之世，以门赏耏班，使食其征。”昭二十年传：“晏子曰：‘偪介之关，暴征其私。’”宋武公在春秋前，知周人关市有征，由来已久，《左氏》与《周官》同也。《周官·司关》：“司货贿之出入，与其征廛。凡货不出于关者，举其质，罚其人。”郑注：“征廛者，货物之税，与所止邸舍也。”是且设官司之，又复有司市，有质人、廛人之属，皆以为商。遗人：“凡国之道，十里有庐，三十里有宿，五十里有市。”则非徒前朝后市、但肆于国中也。质人：“大市以质，小市以剂。凡治质、剂者，国中一旬，郊二旬，野三旬，都三月，邦国期。期内听，期外不听。”此廛市之遍于乡野，而贸易通于邦国。质、剂契券之约，经于岁时。管子于齐，“征于关者，勿征于市。征于市者，勿征于关”，亦春秋初年事，则商业之盛可征，而关市之征所以为国家收入之重要部门欤？“货物止于邸舍，则有廛布；肆列于市，则有绢布；无市立持，则有总布。”见商税之繁。司门：“以启闭国门，讥出入不物者，征其货贿。凡财物犯禁者举之，以其财养死政之老与其孤。”遗人亦“掌关门之委积，以养老孤”，其人且用之于兵士之遗族也。载师：“以宅田、贾田任近郊之地。”郑注：“贾田，在市贾人其家所受田也。”则贾人为独立自由之职业，未必庇寄于贵族。又云：“凡任地，国宅无征。”注云：“国宅，凡官所受宫室，吏所治者也。”市廛有征，则其非属于官亦可知。司市云：“大市，日昃而市，百族为主。朝市，朝时而市，商贾为主。夕市，夕时而市，贩夫贩妇为主。”此商贩之非属于官，亦非专以应贵族之需求。又云：“凡万民之期于市者，辟布者，量度者，各于其地之叙。凡得货贿六畜者亦如之，三日而举之。”此民之与于市也。泉府：“掌以市之征布，敛市之不售、货之滞于民用者，以其价买之。物揭而书之，以待不时之买者，买者各从其抵，都鄙从其主，国人、郊人从其有司，然后予之。”贾师云：“凡天患，禁贵价者，使有恒贾。”注谓：“若贮米谷棺木。”此民庶之买于市也。司市：“伪饰之禁，在民者十有二，在商者十有二，在贾者十有二，在工者十有二。”此民庶之卖于市也，非徒操工商业者之从事于市而已。《国语》言：“管子于是制国以为二十一乡，工商之乡六，士乡十五。”则齐之操工商业者，居通国四之一而强。齐之乡为二千家，则从事工商者为万二千家。此春秋时工商业之属于民，而若此其盛也。《左氏》昭三年传：“景公欲更晏子之宅曰:‘子之宅近市。’辞曰:‘小人近市,朝夕得所求。’”是市为民生日用之需,自非珠玉犀革,属于贵族珍异之玩。则商品内容,大部属于平民之需而非专为贵族所需亦可知。《左氏》昭十六传:“子产对曰:‘昔我先君桓公,与商人皆出自周。……世有盟誓,以相信也。’曰:‘尔无我叛,我无强贾,毋或匄夺。尔有市利贾贿,我勿与知。恃此质信,故能相保,以至于今。’”惟于时商人之势已盛,故可对国家订结盟誓。则商业之地位,非附属于封建之领主。《左氏》宣八年传:“王孙贾曰:‘苟卫国有难,工商未尝不为患。’”则商人已可乘机以图颠覆其政府。故郑亦仅恃盟誓以相保。《国语》晋叔向对韩宣子曰:“夫绛之富商,韦藩木楗,以过于朝,而能金玉其车,文错其服,能行诸侯之贿。”是“因其富厚,交通王侯”,于春秋已见之,不徒战国为然也。

商业既发达,则货币之需要亦急。然金属货币,以今地下发掘,则犹罕见,事固可疑。《诗·泮水》曰:“憬彼淮夷,来献其琛。元龟象齿,大赂南金。”而《吕刑》有“其罚百锾,其罚千锾”,似西周已以金为货币。征之金文,《散氏盘》有“爰千”“罚千”之文,《曶鼎》有“百爰”之文,《缀遗斋金文》有郢金钣曰“郢爰”,有陈金钣曰“陈爰”,足证百锾、千锾之义,与《吕刑》之说相辅。《齐语》言:“小罪谪以分金。”亦即“金作赎刑”之谓。《予咸盘》言:“锡金一钧。”《卿鼎》言:“臣卿锡金。”“锡金”“锡朋”之文,于两周彝器为累见。则金为货币，西周、春秋固有其证也。而春秋以来不多见者，盖亦有故。僖十八年传："郑伯始朝楚，楚子赐之金，既而悔之，与之盟曰：'无以铸兵。'故以铸三钟。"以时方以铜为兵。东周以来，诸侯战伐正殷，铸兵方亟，而金币罕行，诸侯不以为交接。质剂通于邦国，而货币翻稀欤？《始皇本纪》：二十六年"收天下兵，聚之咸阳，销以为钟鐻、金人十二，重各千石。"《魏志·董卓传》云："椎破铜人十及钟鐻，以铸小钱。"始皇所铸，董卓坏之，正为铜人。知战国之兵，亦多铜兵。《英雄记》云："昔大人见临洮而铜人铸，至董卓而铜人毁。"《汉书·五行志》言："始皇二十六年，有大人长五丈见于临洮，故销兵器铸而象之。"是又知卓之所毁，即秦之所铸明矣。然战国之世，如《孟子》书言："王馈兼金百镒，于宋馈七十镒，于薛馈五十镒。"此类渐多。春秋罕见金为货币，而战国恒见之，是殆又有其故。以春秋之末，铁已渐行耳。《越绝书》十一《记宝剑》言："轩辕、神农、赫胥之时，以石为兵。黄帝之时，以玉为兵（新石器）。禹、益之时，以铜为兵。当此之时，作铁兵。"此之所言，最有理致。符于近世言先史者之所考，自可信据。知勾践之世，已有铁兵。《左氏》昭二十九年传："晋赵鞅、荀寅帅师城汝滨，遂赋晋国一鼓铁，以铸刑鼎。"是铁已见于春秋之末，《左氏》有其说，足证风胡之说不为虚。铁兵起而铜属货币又渐行，是可以释春秋罕见金属货币之疑耶？苟金属货币中微之说不虚，正自有其故也。

《周语》言:“景王二十一年,将铸大钱,单穆公曰:‘不可。古者天降灾戾,于是乎量资币,权轻重,以振救民。民患轻,则为之作重币以行之,于是乎有母权子而行,民皆得焉。若不堪重,则多作轻而行之,亦不废重,于是乎有子权母而行,小大利之。今王废轻而作重,民失其资,能无匮乎?’王弗听,卒铸大钱。”子母相权,盖货币已有高度之发展,始能有辅币之产生。单穆公言“古者为量资币,权轻重”,则子母相权,其始已久,不自景王。《周官》司市言:“国凶荒札丧,则市无征而作布。”郑注:“金铜无凶年,因物贵,大铸泉以饶民。”事已先见于官礼,则单子称“古者”可也。此经济学所谓支付者也,凶荒札丧,又正所谓“天降灾戾”者也。《国语》《周官》说相辅,则事不可疑。《周官》《左氏》所见商业之盛如彼,则货币之盛而辅币又因之如此。两相佐验,其可诬耶?则《周官》《左氏》所陈,已非经济自给自足之社会也。孟子言:“许子以釜甑爨,以铁耕乎?”知铁为农器,于战国中叶,显已行之。《管子》书诚不作于春秋,但其必作于战国末期则可信,其《海王篇》云:“今铁官之数曰:一女必有一针一刀,耕者必有一耒一耜一铫,行服连轺辇者必有一斤一锯一锥一凿。”则铁器之行于战国夫复何疑。故董仲舒言秦“田租口赋,盐铁之利,二十倍于古”,而《太史公自序》亦言:“司马昌为秦主铁官。”铁之重于秦若是,则孟子之说有征。

秦昭王言："楚铁剑利而倡优拙。"苏秦为楚合纵，言"元戎以铁为矢"。《韩非子·五蠹》言："铁铦矩者及乎敌。"其《南面》言："铁殳重盾，而豫戒也。"《荀子·议兵篇》言："楚人宛巨铁釶。"皆足明铁用于战国，其代铜兵而大兴，盖可知也。以名字之例考之，冉耕字伯牛，则牛耕已见于春秋之末。《战国策·赵策》平阳君曰："且秦以牛田，水通粮。"《史记·赵世家》亦载之。正义曰："夫牛耕田种谷，至秋则收之。言秦伐韩上党，若牛田之必冀其收获矣。"此牛耕之决行于战国之时。执牛耕始于汉赵过之说者，固未必然也。铁耕、牛耕之用广，春秋遂降而为战国。此其所以为国史上之巨变也欤？商业与货币在周代之情形，既不若今人所估计之低，农工业亦不若今人所疑之幼稚。《诗》言："滮池北流，浸彼稻田。"而《周官》明言稻人、匠人畜水均水及沟洫之事，则灌溉之法早已行之。大司徒："辨十有二壤之物，而知其种。"草人："掌土化之法。"凡粪用牛羊麋鹿有别，而辨土施肥有术。土化掌于草人，则用粪之知识为自绿肥进步而来，尤属显著。则于时农业，固早已脱离绿肥时期。凡《考工记》中所见之工业，及其合金术之精，皆足以见农工商业已有高度之发展，不符于新近学人之所持论。至《周官》之成书年代，余固别篇论之，意谓必出周惠、襄之间。若其间表示政治社会之制度，固不能说为战国之事。故此篇所论商业情形，《周官》固与《左传》为一致也。西周、春秋为国史上封建时期之最显者，其商业之盛固如此。是安得以中国封建时期之经济，必与西方封建时期之经济事同一律哉！

《齐世家》言："太公至齐修政，通工商业，便鱼盐之利。"封建制度，自周初以来，始逐渐发展，商业亦于是始逐渐发展。是商业经济与封建政治，并进而不相妨。通商惠工，即太公之所以修国政。《货殖列传》言："太公劝女红，极技巧，故齐冠带衣履天下。"知齐之贸易通于邦国，下及春秋，初未见商业与封建之不兼容，一仍乎太公之事。试列举之：

《左氏》桓二年传："晋师服曰：'国家之立也，本大末小，是以能固。……庶人工商，各有分亲，皆有等衰，是以民服事其上。'"

闵二年传："卫文公务财训农，通商惠工，敬教劝学，授方任能。元年革车三十乘，季年乃三百乘。"

宣十二年传："随武子曰：'会闻用师观衅而动，德刑政事典礼不易，不可敌也。楚军讨郑……荆尸而举，商农工贾不败其业，而卒乘辑睦，事不奸矣。'"

襄九年传："楚子囊曰：'当今吾不能与晋争，晋君类能而使之，举不失选，官不易方。其士竞于教，其庶人力于农穑，商工皂隶，不知迁业。'"

襄十四年传："晋师旷曰：'天子有公，诸侯有卿，卿置侧室，大夫有贰宗，士有朋友，庶人、工商、皂隶、牧圉，皆有亲暱，以相辅佐也。'"

昭二十六年传："齐晏子曰：'在礼，家施不及国，民不迁，农不移，工商不变，士不滥，官不滔，大夫不收公利。'"

由上诸事论之，足证周代诸侯大夫，不惟不与商贾相妨，且以安定工商业为此时代之美政。商业经济与封建政治相辅并进。然则"商业经济之决然腐蚀封建社会"，其说决不能施之于国史。下逮战国，君权扩张，贵族既遭摒弃，而商业亦受打击。主张君权集中之法家，其政治主张在排弃贵族，其经济主张在抑制商贾。秦事于此，尤为显著，更不见君主倚托商人以制世族之实。翻若封建政治与商业经济同其盛衰，相依为命。战国之际，继贵族起而为政者，乃布衣之卿相。反观春秋时代，贵族濒于崩溃之际，君主所托倚者为庶姓、为陪臣，皆无与于商贾也。夫平民贵族之冲突，为势理之自然，无足怪者。布衣崛起，必跻贵族阶级而去之，与必摈富商阶级而抑之，又事之一贯者也。此战国诸子之学所由无一不主于均富而抑商者欤？

秦之社会

一 秦为戎族

《秦本纪》称申侯言:“昔我先郦山氏之女,为戎胥轩妻,生仲潏,保西垂。”班固《律历志》称:张寿王治黄帝调历,言:“化益为天子,代禹。骊山女亦为天子,在殷周间。”仲潏生蜚廉,善走,以材力事殷纣。则郦山之女,固在殷周间,当即张寿王所谓骊山女为天子者也。殷周之间,中国安得有天子曰骊山女,斯其为西戎种落之豪欤?故《史记》言:“仲潏在西戎。”郦山之女为戎胥轩妻,胥轩曰戎,自非华族,此秦之父系为戎也。《左传正义》引古《竹书纪年》云:“平王奔西申。”盖以别于邑谢之申,则申侯者西申也。范蔚宗引古《竹书纪年》云“宣王征申戎破之”,是也。则申侯之先、郦山之女,亦当为戎,此秦之母系亦为戎也。《周书·王会》正北方:“西申以凤鸟。”考《西山经》有“申山”,毕注:“即今陕西安塞县北芦关岭。”

又有“上申之山”，毕注：“即陕西米脂县北诸山。”有“申首之山，申水出其上。”毕注：“案其道里，当在陕西榆林府北塞外。”西申之所在，应在陕北，密迩安定，故召犬戎，共为祸梗也。《赵世家》言：“蜚廉有子二人，曰恶来，恶来弟曰季胜，季胜生孟增，是为宅皋狼。皋狼生衡父，衡父生造父，幸于周缪王。造父取骥之乘匹，与桃林、盗骊、骅骝、绿耳，献之缪王，缪王使造父御。西巡狩，乃赐造父以赵城。”《穆天子传》注引古《竹书纪年》云：“穆王时，北唐之君来见，以一骝马，是生騄耳。”《竹书》以骝马、騄耳之献为北唐之君，《赵世家》以为献自造父，则造父即此北唐之君。《周书·王会》云：“北唐戎以闾。”孔晁注：“北唐，戎之在西北者。”则仲潏、造父以来，于西周为北唐戎。此与秦同族之赵亦为戎也。是秦之为戎，固自不疑。

《春秋公羊传》曰：“秦者，夷也，匿嫡之名也。”何休说：“嫡子生不以名，令于四境择勇猛者而立之。”此秦之非中国之族，公羊氏有其说也。《春秋穀梁传》曰：“狄，秦也，乱人子女之教，无男女之别。”商君亦言：“始秦戎狄之教，父子无别，同室而居，今我为其男女之别。”此秦以戎狄之教，穀梁氏有其说也。《管子》言：桓公“西征，攘白狄之地，至于西河，而秦戎始从。”秦之称戎，《管子》有其说也。《左氏春秋》言：“臧文仲闻六与蓼灭，曰：‘皋陶、庭坚不祀，忽诸。’”使秦系出柏翳，则臧孙辰不应于秦时尚强，而曰庭坚不祀。又楚人灭江，秦伯为之降服出次，曰：“同盟灭，虽不能救，敢不矜乎？”江、黄皆嬴姓，春秋之时，同姓为重，秦伯于江不曰同姓而曰同盟，是秦非皋陶之胤，左氏有其说也。太史公徒以秦之嬴姓，遂以为伯益、仲衍之后，乃于仲衍至仲潏之世系不能言，又不纪戎胥轩事，于是秦为西戎之说，遂由史迁而泯。骊山女在殷周间为天子事，史家更无述及者矣。

骊山女在殷周间为天子，彼时西戎之强者，前则鬼方，后则犬戎，力足以侈天子之号，非此莫属。古天子有“骊连氏”，或曰“骊畜氏”，殆即此骊山女也。《秦本纪》言：“西戎、犬戎与申侯伐周，杀幽王骊山下。”《周本纪》言：“申侯怒，与缯、西夷、犬戎攻幽王，遂杀幽王骊山下。”《括地志》云：“骊山在雍州新丰县南十里。”《土地记》云：“骊山即蓝田山。”此骊山之名，与骊山女必有相联之关系。然殷周时西戎之天子，不容得在蓝田山，谅骊山原在西裔，此骊山女号所由始。及其既入关辅，而新丰因有骊山之名。亦如陆浑之戎出瓜州，及既至伊川，而伊川之山以陆浑名；大荔在泾漆之北，及既至临晋，而临晋得大荔之名。《国语》言：“幽灭于戏。”《左传疏》引《纪年》亦云：“幽死于戏。”则亦犬戎之事，而后戏有骊山之名。是杀幽王之犬戎，即骊山女之族，亦即骊山女与秦皆犬戎之证也。骊山之后曰秦，亦犹《后汉书》言大秦国亦名犁鞬，犁鞬于《张骞传》作犁靬，《匈奴传》作黎汙，《说文》作丽靬，皆一音之异译。骊山亦此之异译也。《汉志》张掖郡有骊軒，此当为骊山女为天子之所在，于今为永昌县南，则固昔西戎地也。骊山之为秦，犹拓跋之为李，故元魏自谓李陵之后，而唐之李又谓系出阴山拓跋达阇。此译事之彰然，而其故则未易言也。《王会》云："正西狗国鬼亲。"王肃云："狗国，犬戎也。鬼亲，鬼方也。"《山海经·海内北经》有"犬封国曰犬戎国，状如犬"。秦自大骆以来居犬丘，西戎灭犬丘、大骆之族，庄公伐西戎破之，居其故西犬丘。倘犬丘之名，与犬戎亦实有相联之关系耶？况于殷周间在西戎为天子，自非犬戎之强莫属也。虢公败犬戎于渭汭，败戎于桑田，而伊雒之戎遂同伐王城。盖犬戎至新丰，而新丰始有骊山之名，再至渭汭，渐遂东出，此正骊山女之胤，始至伊洛之扬拒、泉皋之戎也。

商君曰："始秦戎狄之教，父子无别，同室而居。今我更制其教，而为其男女之别，大筑冀阙，营如鲁卫矣。"孝公以往，秦殆皆板屋之人也。故《考工记》曰："秦无庐。"以人皆优为之也。史迁言："秦始小国僻远，诸夏摈之，比于戎狄。"又曰："今秦杂戎狄之俗，先暴戾，后仁义。"秦以夷狄之族而崛起群戎，宜不知礼义德行，《毛诗序》："《蒹葭》，刺襄公也。未能用周礼，将无以固其国。"笺曰："秦处周之旧土，其人民被周之德教日久矣，襄公新为诸侯，未习周之礼法，故国人未服焉。"三代之文，于周为最，酆鄗旧京，尤礼义德教所从出。及秦有关中，而虞夏殷周之化扫地以尽，岂无故哉？鲁仲连曰："彼秦者，弃礼义而尚首功之国也，权使其士，虏使其民，彼即肆然而为帝，过而为政于天下，则连有蹈东海而死耳，吾不忍为之民也。”殆以戎夏之不并立，俗化之不两容，仲连之所为慷慨者，正以激于种族之悲而文化之痛故也。

二　秦俗

秦之先骊山女于殷周为天子。《赵世家》言：穆公谓帝告我：“且令而国，男女无别。”《穀梁传》亦言：“秦乱人子女之教，无男女之别。”及始皇平一六王，刻石颂德，一则曰“男女礼顺”，再则曰“合同父子”。至会稽刻石，尤谆谆言之，曰：“饰省宣义，有子而嫁，倍死不贞。防隔内外，禁止淫佚，男女絜诚。夫为寄豭，杀之无罪，男秉义程。妻为逃嫁，子不得母，咸化廉清。”似骊山女时秦尚为女系社会，至始皇乃确定男系制度，穆公、孝公以来，则其过渡时代。贾谊言：秦人“家贫子壮则出赘”，赘原为秦法之所许。则始皇统一后，晁错言：“秦时北攻胡貉，南攻扬越，先发吏有谪及赘婿贾人。”至是而侪赘婿于隶谪也。商君虽曰“今我为其男女之别”，而《商君书》则又言“壮女为一军”，于此可见商君之所谓别也。《商君书·兵守篇》言：

> 三军：壮男为一军，壮女为一军，男女之老弱者为一军，此之谓三军也。壮男之军，使盛食厉兵，陈而待敌。壮女之军，使盛食负垒，陈而待令。客至而作土以为险阻，发梁撤屋，使客无得以助攻备。老弱

之军，使牧牛马羊彘，草水之可食者，收而食之，以获其壮男女之食。而慎使三军无相过，壮男过壮女之军，则男贵女，而奸民有从谋而国亡，喜与其恐有蚤闻，勇民不战。壮男壮女过老弱之军，则老使壮悲，弱使强怜，悲怜在心，则使勇民更虑，而怯民不战。

女子为军，事之至异，此正所谓男女无别者也。谯周《古史考》言：

秦用商鞅计，制爵二十等，以战获首级者，计而受爵。是以秦人每战胜，老弱妇女皆死，计功赏至万数，天下谓之上首功之国。(《史记·集解》引)

秦战胜而妇女老弱皆死，正以妇女老弱皆在行间，与于三军之役，则妇女亦以首功受爵赏。《魏氏春秋》载陈群奏云：

典籍之文，妇人无分土命爵之制。在礼，妇因夫爵，秦违古法，非先王之令典。(《御览》引)

《魏氏春秋》为孙盛书，殆以中国于古妇人无爵，因夫之爵，"秦违古法"，正谓秦之妇人有爵，故"非先王之令典"。秦爵二十级，皆以首功。妇人有爵，正以妇人服兵役有首功。以此三事相证，三军有壮女之军，事自可信。《后汉书·郑泰传》言："关西诸郡，颇习兵事，妇女犹戴戟操矛，挟弓负矢。"自陇以西，妇人任战之习，汉末犹然。

秦起汧渭之首，当战国之世，决有此俗，夫复何疑。

惟秦自昔无男女之别，故范书《西羌传》言："昭王立，义渠王朝秦，遂与昭王母宣太后通，生二子。王赧四十三年，宣太后诱杀义渠王于甘泉宫，因起兵灭之，始置陇西、北地、上郡焉。"宣后义渠之事，于中国为异闻。在秦人视之，敌国君后为婚媾，倘为见惯。至若宣太后魏丑夫之事，始皇太后嫪毐之事，胥不足异也。茅焦且詈为"陛下车裂假父，有嫉妒之心，囊扑两弟，有不慈之名"，若是者诚足异也。至穆公之以怀嬴妻重耳，若是者诚足异也。惟义渠王宣太后往事如此，至汉高后时匈奴冒顿遗书妄言曰："孤偾之君，愿游中国。陛下独立，孤偾独居。两主不乐，无以自娱。愿以所有，易其所无。"中国谓之谩书，在匈奴或不以为谩，秦时亦不以为谩也。

《春秋》昭五年秋："秦伯卒。"《公羊传》曰："何以不名？秦者夷也，匿嫡之名也。其名何？嫡得之也。"何氏《解诂》曰："嫡子生，不以名，令于四境择勇猛者而立之，独罃稻以嫡得立，故名也。"马长寿君谓：贱嫡贵次，为由母系社会过渡至父系社会必有之现象。秦人匿嫡，正此故耳。考秦庄公之父曰"秦仲"，《郑语》史伯对桓公之问，曰："秦仲，齐侯姜嬴之俊也，且大，其将兴乎？"秦仲以附庸之封，而死于戎，犬丘遂灭，不可谓大。《诗正义》云："《年表》秦仲以宣王六年卒。"桓公、史伯之语，在幽王九年，当庄公胜戎，而秦兼有犬丘之后，则可以当大国。倘史伯所谓“秦仲”，则庄公也。《汉书·郊祀志》言：“南山巫祠南山秦中，秦中者二世皇帝也。”此“中”亦“仲”字，二世亦称“秦仲”，则秦君多号秦仲。秦贱嫡故贵仲，其在春秋，秦嫡之得立者仅二人。由战国至始皇，嫡仲之争亦每见。则贵嫡为东方之习，不足语于秦也。

三　秦为新兴民族

秦民之骁悍残勇，诚有不可思议者。非徒妇女之为兵而已。张仪言：“山东之卒，被甲冒胄以会战，秦人捐甲徒裎以趋敌，左挈人头，右挟生虏。”《秦策》言：秦民“出其父母怀衽之中，生未尝见寇也，闻战顿足徒裼，犯白刃、蹈煨炭，断死于前者皆是也。夫断死与断生也不同，而民为之者，是贵奋也。一可以合十，十可以合百，百可以合千，千可以合万，万可以胜天下矣。”《韩非子·定法》言：“秦民用力劳而不休，逐敌危而不却，故国富而兵强。”观此诸文，秦民之与诸夏，一野一文，相去悬绝，诸夏宾之，岂不宜哉！其习性风教，一切与中国异，其社会情况，自不得同。《魏策》言：“秦与戎狄同俗，贪戾好利而无信，不识礼义德行。苟有利焉，不顾亲戚兄弟，若禽兽耳。”《淮南子》言：“秦王之时，或人葅子。”《新书》言：“秦民卖产子，得为之绣衣编丝履。”民性如此，则又安可以山东之国、周人之教、宗法家族之制衡之。男女无别，兵役受爵，是女子之权利义务亦与男同，则决不可以行宗法之大家族制。父子之恩且薄,更何问其他。《商君列传》言:“民有二子以上不分异者倍其赋。”此正以公民制度代东方之家族制度。贾谊言:“商君遗礼义,弃仁恩,并心于进取,行之二岁,秦俗日败。故秦人家富子壮则出分,家贫子壮则出赘。借父耰锄,虑有德色。母取箕帚,立而谇语。抱哺其子,与公并倨。妇姑不相说,则反唇而相稽。其慈子嗜利,不同禽兽者无几耳。”此秦之无家族制度,无亲戚之恩。所谓杜私门、去世族,皆与此小家庭之制、嫁赘并行之法,一贯相连之故也。

《荀子·强国篇》:

应侯问孙卿子曰:“入秦何见?”孙卿子曰:“入境,观其风俗,其百姓朴,其声乐不流污,其服不挑,甚畏有司而顺,古之民也。及都邑,官府百吏肃然,莫不恭俭敦敬忠信而不楛,古之吏也。入其国,观其士大夫,出于其门,入于公门,出于公门,归于其家,无有私事也。不比周,不朋党,倜然莫不明通而公也,古之士大夫也。观其朝廷,其间听决百事不留,恬然如无治者,古之朝也。故四世有胜,非幸也,数也。是所见也。故曰佚而治,约而详,不烦而功,治之至也。秦类之矣。虽然,则有其諰矣,兼是数具者而尽有之,然而县之以王者之功名,则倜倜然其不及远矣。是何也?则其殆无儒耶!故曰粹而王,驳而霸,无一焉而亡,此亦秦之所短也。”

秦民之狠戾凶残，此见其为野蛮民族，由荀卿之所见，正其所以为新兴民族也。非其相反，正一民族必自两方面视之，而后可以得其全也。《本纪》："昭襄王二十一年，魏献安邑，秦出其人，赦罪人迁之。二十五年，拔赵二城，赦罪人迁之。二十七年，攻楚，赦罪人迁之南阳。二十八年，取鄢郢，赦罪人迁之。"惟秦取六国地，必出其人而别迁民以居之。春秋战国之攻伐，无此事。此亦惟秦民与山东之民不能共处相臣属，正亦以种族风俗之隔绝也。秦坑赵卒于长平，楚坑秦卒于新安，事亦不见于山东。此亦山东之国，不过封建之割据，而秦则为异族之侵入也。

四 抑商政策

秦之杜私门、废世族，更有其政之大者，亦可得而言。秦对商贾之问题，今世一般见解，于此有最难通者。秦为力致富强之国，欲富而抑制商人，宁非异事？然秦之抑商人，又为事实，不可否认者也。晁错言：

> 秦时北攻胡貉，筑塞河上；南攻扬越，置戍卒焉。秦民见行，如往弃市。因以谪发之，名曰谪戍。先发吏有谪，及赘婿贾人。后以尝有市籍者，又后以大父母、父母尝有市籍者。

《始皇本纪》：

> 三十三年，发诸尝逋亡人、赘婿、贾人，略取陆梁地，为桂林、象郡、南海。

若商君之书，则言抑商人者亦屡也。《垦令篇》曰："重关市之赋，则农恶商，商有疑惰之心，则草必垦矣。"商君书又曰："能令商贾技巧之人无繁，则欲国之无富，不可得也。"此商君治秦，已以抑工商为政策者也。《史记·商君列传》言："僇力本业，致粟帛多者复其身。事末利及怠而贫者，举以为收孥。"释者以本业为耕织，末利为工商，是秦之尊奖富人，而反抑工商，皆事实之不可易者也。

《新序》言："商君极身无二虑，尽公不顾私。使民内急耕织之业以富国，外重战伐之赏以劝戎士。"明秦之耕以为富，战以为强，凡法家之言富强者皆若此，非但商君然也。而未有言商以为富者。山东齐鲁之国，或乃有重商者。如孟子曰："关市讥而不征，天下之商皆悦，而愿藏于其市也。"《商君列传》言："秦民勇于公战，怯于私斗。"此商君之所以励强也。其事亦与山东之国绝相反。《货殖列传》言："齐俗怯于众斗，勇于持刺。"持刺即私斗，游侠刺客之事也，此强归私室者。法家恶游侠，秦法禁复仇。勇于公战，则强归公室也。山东尊游侠，视刺万乘之君，如刺褐夫，无严诸侯。而民怯于众斗，则国家不得有其强。工商之利归于私门，则国家不得有其富。由游侠之事以例商贾，则秦之抑工商而重耕织，禁游侠而贵战士，正所以收私门之富强为国家之富强。秦以公民之政，与山东家族之政争，其灭六王而一宇内，岂偶然哉？秦民“有二子以上不分异者倍其赋”，乃正所以防家族之制发生于西方，而期于门子之毕为国家之公民也。

或以为秦虽贱商，而秦之征伐六国，战争频繁，军用所出，必资于商，则秦又未必贱商也。此无征之说，实不知秦者之言耳。《盐铁论》言：“商君相秦，设百倍之利，收山泽之税，国富民强，器械完饰，蓄积有余，是以攘地斥境，不赋百姓而师以赡。”则秦恃虞衡之利，以为师行之资，不资于商贾也。《淮南·泛论》言：“秦之时，入刍藁，头会箕敛，归于少府。”《汉书·百官表》言：“少府，秦置，掌山海池泽之赋。”“头会箕敛”，正董仲舒所谓：“秦用商君之法，颛川泽之利，管山林之饶。”是与东方之“林麓川泽以时入而不禁”者大殊，而以供其征战之用也。故《货殖列传》所著秦富裕之民，如蜀卓氏、程郑、宛孔氏，以冶铁；乌氏倮以畜牧；巴寡妇清以丹穴。皆以山泽之利，而绝未有以商贾者也。盖秦起西戎，其工商业视东方诸国为落后，不可与争，尤不得不抑商以防货财之外溢，故奖本富而抑末富。《商君书》言：“金一两生于境内，谷十二石死于境外；金一两死于境外，谷十二石生于境内。”盖以秦之资本不及山东之国，不抑商，则山东之国可以制秦经济之死命。此秦之闭关自给主义，而以关税为壁垒，且欲进而废止货币也。

五　急耕战之赏

秦以励富强为政之大者。商君令:“致粟帛多者复其身,怠而贫者举以为收孥。”韩非言:“夫施与贫困,则无功者得赏。善为主者,明赏设利以劝之。使民以功赏,而不以仁义赐。”此殆秦抑贫之意也。崔实《政论》言:“秦制民之财,既无纲纪,而乃尊奖兼并之人。”乌氏倮畜至用谷量牛马,秦始皇帝令倮比封君,以时与列臣朝请。而巴寡妇清得丹穴擅其利,用财自卫,不见侵犯,秦皇帝为筑女怀清台。奖富抑贫,在中国可谓历史上特异之政治。《商君书·去强篇》言:“贫者使以刑则富,富者使以赏则贫。治国能令贫者富、富者贫,则国多力,多力者王。国兴兵而伐,则武爵武任,必胜。按兵而农,则粟爵粟任,则国富。”始皇令:“百姓纳粟千石,拜爵一级。”晁错言:“天下入粟县官,得以拜爵,得以除罪。”而秦“赐爵一级以上,有罪以减”,是得以除罪也。此秦以拜爵励富励强并行之也。荀卿言:“秦人其生也狭隘,其使民也酷烈。劫之以势,隐之以阨,狃之以庆赏,遒之以刑罚。使其民所以要利于上,非战无由也。阨而用之,得而后功之,功赏相长也。五甲首而隶五家。”《商君书·赏刑篇》言:“富贵之家,必出于兵,是故民闻斗而相贺。”秦之励战以爵,而实励战以富。《荀子》言“五甲首而隶五家”,杨倞注:“有功者而赏之,使相长。获得五甲首,则隶役乡里之五家。”《通典》引吴氏曰："秦制，战得甲首益田宅，五甲首而隶役五家，兼并之患自此起，民田多者以千亩为畔，无复限制矣。"则秦之励战亦归于励富。《商君书·境内篇》曰："有爵者，乞无爵者以为庶子，级乞一人。其无役事也，其庶子役其大夫月六日。其役事也，随而养之。"又言："得爵首一者，赏爵一级，益田一顷，益宅九亩，除庶子一人。"又言："爵吏而为县尉，则赐虏六。"此秦爵级之制，五家正五庶子也。又言："就为五大夫，则税邑三百家。故爵五大夫，皆有赐邑三百家，有赐税三百家，爵五大夫有税邑六百家者，受客大将。"则首功而至封君，赐益多而家益富也。《韩非》言："商君之法，斩一首者，赐爵一级，欲为官者，为五十石之官。斩二首者，爵二级，欲为官者，为百石之官。"此富者贵，而爵者亦富也。崔实言："秦堕坏法度，制人之财，既无纲纪，而乃尊奖兼并之人。于是巧猾之萌，逆肆其意，上家累巨亿之赀，斥地侔封君之土，行苞苴以乱执政，养剑客以威黔首。故下户踦跂，无所跱足，及父子低首，奴事富人，躬率妻孥，为之服役。"秦之举"怠而贫者以为收孥"，"五甲首而隶五家"，至是贫富之阶级以成，贫者以役身为奴也。《陈涉世家》言："秦令章邯免郦山徒人奴产子，悉发以击楚。"是五甲首而隶五家者，尚为佃农；有奴产子，则为绝对之奴隶也。

周代行均田之法，故贫富阶级不显。《周官》之所谓隶者，惟四夷及罪人耳，未有以贫而为隶者也。秦则以富役贫，故卓氏之属，僮至千人，吕不韦家僮万人。《王莽传》言:“秦置牛马之市,与奴婢同栏,制于民臣,颛断其命。”则人口之贩卖与牛马同,且进而操其生死之权也。商君之作法于始,未必即欲使贫富阶级之树立。《班书·地理志》言:“孝公用商鞅,制辕田。”蔡泽言:“商鞅为孝公决裂阡陌,以静生民之业而一其俗。”则犹是易田之法也。《商君书·徕民篇》言:“地方百里者,山陵处什一,薮泽处什一,溪谷流水处什一,都邑蹊道处什一,恶田处什二,良田处什四,以此食作夫五万。”《一行算法》言商鞅三术:“开通阡陌,以五尺为步,二百四十步为亩。”杜佑说:“周制百步为亩,百亩给一夫。商君佐秦,以为地力不尽,更以二百四十步为亩,百亩给一夫。”此正商君制辕田以静生民之业者也。故商君犹以令“贫者富,富者贫”为说。然尊奖兼并之结果,固无以使贫富阶级之不发生。董仲舒言:“秦用商君之法,除井田,民得卖买,富者田连阡陌,贫者无立锥之地。邑有人君之尊,里有公侯之富,小民安得不困。或耕豪民之田,见税什五,故贫民常衣牛马之衣,而食犬彘之食。”班固言:“秦孝公用商君,坏井田,开阡陌,急耕战之赏。然王制遂灭,僭差无度,庶人之富者累巨万,而贫者食糟糠。”既制辕田,又以奖富之故,而得卖买,则贫富对立之形成也。商君本以秦之土广而民少,是以开阡陌而尽地力,亦以民有旷土,可以让与富者使经营。盖“贵货易土,土可贾焉”(《左传》襄四年),实戎狄之俗为然。商君欲因之以致富强,而流毒于无穷矣。

六　租税制度

《李斯列传》言："斯阿二世意，以书对陈督责之术，二世悦。于是行督责益严，税民深者为明吏，刑者相半于道，而死人成积于市，杀人众者为忠臣。二世曰：'若此则可谓能督责矣。'"贾谊《过秦》亦谓其"繁刑严诛，赋敛无度"。秦之严刑，事既明著，而秦之重赋，则容有难明。法家有严刑之说，亦未易见有重赋之说也。《百官表》云："县令、长，皆秦置，万户以上为令，减万户为长。县大率方百里，其民稠则减，稀则旷。"则方百里而万户，此秦之中制也。方一里而一户，则民所耕之土已多，可得殷周一井之地，此所谓秦民之不足以实其土，虽商君为辕田可也。《刑法志》曰："一同百里，提封万井，除山川沉斥城池邑居园囿术路三千六百井，定出赋六千四百井。"即以《商君·徕民》言"地方百里，恶田处什二，良田处什四"，是犹可什六。《食货志》言"李悝为魏文侯作尽地力之教，以为地方百里，提封九万顷。除山泽邑居参分去一，为田六百万亩。一夫挟五口，治田百亩，岁收亩一石半，为粟百五十石。……余四十五石，石三十，为钱千三百五十。"即以晁错之说论之，谓"今五口之家，其服役者不下二人，其能耕者不过百亩，百亩之收，不过百石"。殆以地虽有余，而农夫之力有限，然百石之获，必可至也。以石三十计之，百石可钱三千。《汉书·货殖列传》言："秦汉之制，列侯封君食租税,率户二百,千户之君,则二十万。”此秦汉取民之制。以此计之,汉初取民,田租什五而税一。秦人户收百石,为钱三千,而租税率户二百。以三千之入,而供二百之赋,是为什五而税一。汉固沿秦,后益轻为三十而税一。则秦之取民,是谓大貉小貉,赋轻于殷周也远矣。《商君列传》言:“集小都乡邑聚为县,置令、丞,凡三十一县。”《本纪》云:“四十一县。”县以万户为率,计三十一县,则秦于孝公时,有三十一万户。苏秦说齐王谓:“临淄之中七万户,户三男子,三七二十一万,不待发于远县,而兵已足。”以此推秦,则三十一万户,足胜兵百万。故《商君·徕民篇》曰:“秦四境之内,陵阪丘隰不起十年征者,于律也,足以造作夫百万。”《通考》谓秦“大率百人则五十人为农,五十人习战”。是秦兵时有五十万,而租税所入,亦可推知。而秦之国力,概可见也。秦为什五而税一,而班固又谓“始皇收泰半之赋”者何耶?董仲舒既云“或耕豪民之田,见税什五”,此正大半之赋。《年表》云:“简公七年,初租禾。”《本纪》云:“孝公十四年,初为赋。”秦之田既得卖买,则有私田、公田之分。殆私田什五而税一,公田则比豪民之田,而收大半之赋。犹宋代有民田之赋,复有公田之租。而晋有课田、有占田,二制并行也。《通考》言:“秦舍地而税人,地数未盈,其税必备。”夫田既卖买,复又舍地而为口赋,则秦制益为济富而抑贫。董仲舒所谓:“田租、口赋、盐铁之利,二十倍于古。”董氏别二者言之，是民有耕公田之赋与地数不盈者之口赋。则贫者所出，其多于三代又远也，则秦又为大桀、小桀也。法家主于“无旷土，无敖民”，而不施与贫困，其必至于田租、口赋并行者又势也。《华阳国志》三言：“张若治成都，置盐铁市官，修整里闾，市张列肆，与咸阳同制。”《史记·自序》：“司马昌为秦主铁官。”《说苑》言：“秦穆公使贾人载盐，征诸贾人。”古者山泽无禁，盐铁为民生必需，秦官专之，此所谓“二十倍于古”也。仲舒言：“古者役民不过三日，（秦）月为更卒，已复为正，一岁屯戍，一岁力役，三十倍于古。”《通考》言：“秦制：民年二十三附之畴官，给郡县一月而更，谓卒。复给中都一岁，谓正卒。复屯边一岁，谓戍卒。”此所谓“三十倍于古”者也。此《盐铁论》所谓“商君外设百倍之利，收山泽之税”者也。于是而秦民困矣。重以转输之费，而民益不堪命。《新书》言：“秦输将起海上而来，一钱之赋耳，十钱之费不能致也。上之所得甚少，而民之所苦甚深。”主父偃言：“秦攻匈奴，运粮，使天下飞刍挽粟，起于黄邮琅玡负海之郡，转输河北，率三十钟而致一石。”《本纪》言：二世“下调郡县转输菽粟刍藁，皆令自赍粮食”。小民安得不困。严安所谓：“秦皇北构于胡，南挂于越，丁男被甲，丁女转输，苦不聊生，自经于道树，死者相望。”则秦税民虽不深，而民苦于重敛也。盖秦以富强之术兼天下，諰諰然惟恐天下之富强足以危己。《本纪》言：“始皇二十六年，徙天下豪富于咸阳十二万户。”此始皇初一宇内之时，而亟欲夺天下之富矣。始皇之北筑长城，四十余万；南戍五岭，五十余万；骊山、阿房之役，各七十余万。赭衣半道，戍谪积死，是亟欲损天下之强矣。贾山言："秦皇帝以千八百国之民自养，力罢而不能胜其役，财尽而不能胜其求。"秦以富强兼天下，亦以损夺天下之富强而亡。此秦之知所以为国，而未知所以为天下也，此正其兴亡始终之故也。

七 官爵制度

周用授田之制，无贫富显然之殊。而宗法又有共财之用，井田有通财货之义。然世族、庶人之辨则严。"仕者世禄"，故曰："所谓故国者，非谓有乔木之谓也，有世臣之谓也。"《商君列传》言："有军功者各以率受上爵，宗室非有军功论，不得为属籍。明尊卑爵秩等阶各以差次，名田宅臣妾衣服以家次。"《汉官旧仪》言："始皇灭诸侯为郡县，不世官，守相令长以他姓相代，去世卿大夫士。"异姓同姓之世族，盛于山东之国，而秦无闻焉。《列传》言："商君相秦十年，宗室贵戚多怨望者。"赵良亦谓其"日绳秦贵公子"。范雎相秦，亦以"强公室，杜私门，使秦成帝业"。秦以公民为治，此其大异于周者。贫富阶级盖代贵贱而兴，此固治术之一巨变也。首功之制，正贵贱之辨所由替，而贫富之辨所由生，是诚变易之一枢机也。《百官表》云：

爵：一级曰公士，二上造，三簪袅，四不更，五大夫，六官大夫，七公大夫，八公乘，九五大夫，十左庶长，十一右庶长，十二左更，十三中更，十四右更，十五少上造，十六大上造，十七驷车庶长，十八大庶长，十九关内侯，二十彻侯。皆秦制，以赏有功。

自春秋所见列国官爵，皆同周制。独秦楚二国，不与相同。曰"二百石"，曰"一千石"，事则尤异。此亦足明其为别一民族，别一文化也。刘劭《爵制》曰："商君为政，备其法品，为十八级，合关内侯、彻侯，为二十等。其在军赐爵为等级，其帅人皆更卒也。有功赐爵，则在军吏之例。自一爵以上至不更，四等皆士也。大夫以上至五大夫，五等比大夫也。自左庶长以上至大庶长，九卿之义也。关内侯依古圻内子男之义。彻侯者，依古列国诸侯之义也。一爵曰公士……八爵为公乘，九爵为五大夫，皆军吏也。吏民爵不得过公乘者，得贳与子若同产。然则公乘者，军吏爵之最高者也。自左庶长以上至大庶长，皆卿大夫、皆军将也。所将皆庶人更卒，故以庶更为名。大庶长即大将军，左右庶长即左右偏裨将军也。"《汉官旧仪》亦言："五大夫以上，次年德为官长将率。秦制爵等，生以为禄位，死以为号谥。"则秦制虽斩人一首，赐爵一级，斩虽多不过公乘，终于军吏，不得至将率，以为限制。惟以年德乃得为之。以爵贳子或同产兄弟，则犹不至跛足行陈之间，而握军符之弊也。此亦与周六军之士出于六乡之制，而使农战终为二阶级，亦不同也。惟商君之《徕民》所述，几有使战士与农夫形成对立之可能，然亦不至有此阶级之发生。

《商君书·徕民篇》曰：

> 今秦之地，方千里者五，而谷土不能处二，出数不满百万。其薮泽溪谷名山大川之财物货宝，又不尽为用，此人不称土也。秦之所与邻者三晋也，所欲用兵者韩魏也。彼土狭而民众，其宅参居而并处。民上无通名，下无田宅，而恃奸务末作，此其土不足以生其民也。似有过秦民之不足以实其土也。民之情，其所欲者田宅也，而晋之无有也，信秦之有余也。必如此而民不西者，秦士戚而民苦也。其所以弱不夺三晋民者，爱爵而重复也。三晋不胜秦，四世矣，秦能取其地，而不能夺其民。今王发明惠，诸侯之士来归义者，复之三世，无知军事，利其田宅，则三晋之民无不西者也。夫秦之所患者，兴兵而伐则国家贫，安居而农则敌得休息，此不能两成也。今以故秦事敌，新民作本，兵虽百宿于外，境内不失须臾之时，此富强两成之效也。晋有其民，而秦爱其复，此爱非其有以失之也。今复之三世，而三晋之民可尽也。

商君以故秦事敌，新民作本，而农战之级分，事有类于高欢谓鲜卑曰“汉人为汝作奴，夫为汝耕，妻为汝织”之说。然新民惟三世无知军事，三世以后，自无新故农战之别，自不同于殷周助彻之民，农战之世不易也。故秦自贫富阶级而外，实无贵贱农战阶级发生之可能，秦终以此弱三晋而一宇内也。

八 以法治国

商君以“宗室非有军功论不得为属籍”，以抑贵族。其行法亦多抑制贵族。此与周最为不同。《周官》小司寇：“以八辟丽邦法、附刑罚：一曰议亲，二曰议故，三曰议贤，四曰议能，五曰议功，六曰议贵，七曰议勤，八曰议宾。”以世庶之分，而刑法不平等也。楚庄王谓：“子文无后，何以劝善。”晋祁奚谓：“社稷之固，将十世宥之，以劝能者。”山东之国，即晋楚亦袭周之旧轨。《新序》言：商君“法令必行，内不私贵宠，外不偏疏远，是以令行而禁止，法出而奸息，虽《书》云‘无偏无党’，《诗》云‘周道如砥，其直如矢’，无以易此。”《国策》亦言：“商君治秦，法令至行，公平无私，罚不讳强大，赏不私亲近。”《商君书·赏刑篇》亦言：“所谓壹刑者，刑无等级，自卿相将军以至大夫庶人，有犯国禁、乱上制者，罪死不赦。有功于前，有败于后，不为损刑。有善于前，有过于后，不为亏法。”则非八议之谓也。秦人以抑制贵族之故，而刑法于贵贱世庶之间，绝对平等。《通典》言：“始皇建守罢侯，贵以自奉，提封之内，撮粟尺布，一夫之役，尽专于己。”《始皇本纪》言：

“事无大小,皆决于上。上至以衡石量书,日夜有呈,不中呈,不得休息。”此秦之废贵族而集中君权也。尊君之至,是以李斯说二世曰:“主独制于天下而无所制也。故申子曰:‘有天下而不恣睢,命之曰以天下为桎梏。’”是秦去贵族之中间阶级,上则尊王权,下则无世庶之不平等,而确定君民之二阶级,此国史上之一大进步也。《左氏》昭二十九年传:“晋铸刑鼎,著范宣子所为刑书。仲尼曰:‘晋其亡乎,失其度矣。夫晋国将守唐叔之所受法度,以经纬其民,卿大夫以序守之,民是以能尊其贵,贵是以能守其业。今弃是度也,而为刑鼎,民在鼎矣,何以尊贵,贵何业之守?’”此周之刑法为秘密,世族掌之。刑法公布,则民所犯轻重,问鼎已明,虽贵者不得抑扬,而世族崩溃之兆,于兹始也。儒为拥护周之文化,故反对之。若《商君书》之于刑法,视公布且有进者也。

《商君书·定分篇》言:

> 为法令置官吏,朴足以知法令之所谓者,以为天下正。民敢忘行主法令之所谓之名,各以其所忘之法令名罪之。有敢剟定法令,损益一字以上,罪死不赦。诸官吏及民有问法令之所谓也,于主法令之吏,皆各以其故所欲问之法令明告之。各为尺六寸之符,明书年、月、日、时、所问法令之名,以告吏民。主法令之吏不告,及之罪,而法令之所谓也,皆以吏民之所问法令之罪,各罪主法令之吏。即以左券予吏

之问法令者，主法令之吏谨藏其右券木柙，以室藏之，封以法令之长印。即后有物故，以券书从事。法令皆副置，一副天子之殿中，一副禁室中，封以禁印，有擅发禁室印，及入禁室视禁法令，及禁剟一字以上，罪皆死不赦。天子置三法官，殿中置一法官，御史置一法官及吏，丞相置一法官。诸侯郡县皆各为置一法官及吏。郡县诸侯一受宝来之法令学问，并所谓吏民知法令者，皆问法官，故天下之吏民无不知法者。吏明知民知法令也，故吏不敢以非法遇民，民不敢犯法以干法官也。遇民不修法，则问法官。法官即以法之罪告之，民即以法官之言正告之吏。吏知其如此，故吏不敢以非法遇民，民又不敢犯法。

以此论之，秦使天下之吏民无不知法。是非特刑法之公布，法官复有备吏民法律顾问之义务，且兼有律师之意焉。《六国年表》："始皇三十四年，适治狱吏不直者筑长城及南越，覆狱故失。"则秦之治法令之官亦严也。法令不得损益一字，视昔之刑法秘密，卿大夫以序守之，而高下由心者，相去岂不远哉？法律之下无贵贱皆平等，此实春秋以后，时代之一进步，由秦而厉行之也。

九　刑制

《左氏》言："夏作禹刑"，"商作汤刑"，"周作九刑"。《甫刑》有墨、劓、髌、宫、大辟。《周官》有墨、劓、宫、刖、杀。此三代之刑经而法纬，刑可考而法难知也。《左氏》文十八年传言："周公制作誓命，曰：'毁则为贼，掩贼为藏，窃贿为盗，盗器为奸。主藏之名，赖奸之用，为大凶德，有常无赦，在九刑不忘。'"《荀子》亦曰："害良曰贼，窃货曰盗。"贼、盗、奸、藏，殆三代之法名也。秦用《法经》，汉以后沿之：一盗法，二贼法，三囚法，四捕法，五杂法，六具法。是法经而刑纬，法可考而刑难知也。此秦与三代之异也。班固言：

> 秦用商鞅，连相坐之法，造参夷之诛。增加肉刑，大辟有凿颠、抽胁、镬亨之刑。萧何攈摭秦法，作律九章。至文帝时，张苍、冯敬请定律，曰：诸当完者，完为城旦舂；当黥者，髡钳为城旦舂；当劓者，笞三百；当斩左趾者，笞五百；当斩右趾及杀人……复有笞罪者，皆弃市。罪人狱已决，完为城旦舂，满三岁为鬼薪、白粲，一岁为隶臣妾，隶臣妾一岁免为庶人，隶臣妾满二岁为司寇，司寇一岁及作如司寇二岁，皆免为庶人。其亡逃及有罪耐以上，不用此令。

于此可以略知汉刑亦即秦刑也。蒯通说范阳令曰："秦法重，足下断人之足、黥人之首，不可胜数。"此秦有斩左右趾。李斯请焚《诗》《书》："令下三十日不烧，黥为城旦。"此秦有髡钳、城旦舂也。嫪毐为乱，毐等二十二人皆枭首，及舍人轻者为鬼薪。此秦有鬼薪、白粲也。皆可见汉袭用秦刑，而皆非三代之刑也。周之法罪人不孥，而秦有三族之诛。《刑法志》言："夷三族之令，曰：当三族者，皆先黥、劓、斩左右止，笞杀之，枭其首，菹其骨肉于市。其诽谤詈诅者，又先断舌，故谓之具五刑。"其残刻于中国未之前闻。此亦证秦之为别一民族、别一文化也。李斯具五刑，腰斩咸阳市，荆轲体解，商鞅车裂，白起绞杀，成蟜击赵，反死屯留，军吏皆斩，及戮其尸。二世时，十公主矺(磔)死于杜。其凶忍无人理，皆著在迁书。至唐始谓李悝集诸国刑典，造《法经》六篇，商君传习，以为秦相，然秦刑显非别国所有也。《商君书·开塞篇》曰：

> 刑加于罪所终，则奸不去。赏施于众所义，则过不止。故王者刑用于将过，则大邪不生；赏施于告奸，则细过不失。治民能使大邪不生、细过不失，则国治；国治必强。一国行之，境内独强；二国行之，兵则少寝；天下行之，至德复立。此吾以刑杀之反于德，而义合于暴也。

商君以刑九而赏一，且可寝兵而立至德，诚所谓天资刻薄之人哉？《淮南子·要略》言："秦国之俗，贪很强力，寡义而趣利。可威以刑，而不可化以善；可劝以赏，而不可励以名。故商君之法生焉。"商君之治，倘亦因秦之俗化而然也。《商君书·画策篇》言:“国皆有法,而无使法必行之法。国皆有禁奸邪、刑盗贼之法,而无使奸邪、盗贼必得之法。”此其所以谓赏施于告奸者耶?贾谊言:“秦之俗非贵辞让也,所上者告讦也;非贵礼义也,所上者刑罚也。”《商君列传》言:“令民为什伍,而相收司连坐。不告奸者腰斩,告奸与斩敌同赏,匿奸与降敌同罚。”此所谓“使法必行之法”耶?秦法务于责实,故《郦生传》言:“秦法至重,不可妄言,妄言者无类。”《秦始皇本纪》言:“秦法不得兼方,不验辄死。”《范雎传》言:“秦法:任人而所任不善,各以其罪罪之。”《始皇本纪》言:“吏见知不举与同罪。”此秦行法之大意也。此韩非所以致嘲儒家之父为子隐、子为父隐者也。

十　法家起源与秦民族

班固言:“秦孝公用商鞅,急耕战之赏,故倾邻国而雄诸侯,然王制遂灭。”古今言者,胥以为商君变秦,为废仁义而即暴戾,若由文而退之野。是岂知商君之为缘饰秦人戎狄之旧俗,而使渐进于中国之文耶?凡商君之法,多袭秦旧,而非商君之自我作古。班固言:“秦用商君,连相坐之法,造参夷之诛。”《鞅传》言:“定变法令:令民为什伍,相收司连坐。”此以连坐之法、三族之诛为自商鞅始也。而《始皇本纪》言:“献公十年,为户籍相伍。”《春秋繁露》言:“梁内役民无已,使民比地为伍,一家亡,五家杀。”

梁，嬴姓国，与秦同祖，则什伍连坐，已在商君之前为嬴姓国固有之法也。《秦本纪》："文公二十年，初有三族之罪。武公三年，诛三父等，夷三族。"则三族为秦先有之罪，亦不自商鞅始也。《古史考》言："秦用商君计，制爵二十等，以战获首级者，计而受爵。"而《左氏》襄十一年传，有秦庶长鲍、庶长武帅师伐晋以救郑，战于栎。襄十二年有庶长无地。《秦本纪》："怀公四年，庶长晁与大臣围怀公。出子二年，庶长改迎灵公之子献公于西河而立之。"则秦之庶长，自春秋时已有之，不自商鞅始。《左氏》成十三年传复有"不更女父"，明秦之先有此爵也。《韩非子》亦言商君之法，斩一首者爵一级。而《秦本纪》："献公二十一年，与晋战于石门，斩首六万级。"事在商君前。爵既秦所先有，上首功自亦秦所先有也。秦之文化，为独立之文化，不同中夏，商君固自依其旧制而增饰之耳。商君言："始秦戎狄之教，父子无别，同室而居。今我更制其教，而为其男女之别。大筑冀阙，营如鲁卫矣。"是鞅之变秦，非由文而退之野，实由野而进之文。《商君列传》言："鞅西入秦，见孝公，说公以帝道，其志不开悟矣。复说公以王道，而未入矣。复说公以霸道，公与语，不自知膝之前于席也。语数日不厌。鞅曰：'吾说君以帝王之道，比隆三代，而君曰久远，吾不能待。故吾以强国之术说君，君大说之，然亦难以比德于殷周矣。'"此或为战国之士增饰之说，然鞅挟东方之术，欲售之秦，而秦悦其近己者，亦势固然也。凡浅化民族之能接受异国高深文明，必于其相同之条件下，乃有可能。商君之于秦，亦正汉高语叔孙通所谓“度吾所能行为之”者也。凡申韩残贼刻忍之论，胥导源于商君，商君者诚法家之祖矣。若管仲之于齐，非此比也。如曰“礼义廉耻，国之四维”，是岂商韩所欲闻乎？故管子非法家之学也(《班志》列之道家)。是法家之说，本之商鞅，而鞅袭之秦。故吾谓法家之说，诚源于西北异族之教者也。李斯言：“昭王得范雎，强公室，杜私门，使秦成帝业。”范雎于秦，犹商君之意也。《韩非子》言：“秦大饥，应侯请曰：‘五苑之草著蔬菜，足以活民，请发之。’昭襄王曰：‘吾秦法，使民有功而受赏，有罪而受诛。今发五苑之蔬草者，使民有功与无功俱赏也，此乱之道也。’”则范雎于秦，非雎之法而实秦之法也。李斯挟荀卿之术，其在秦之为，曾不异于商、范二子，是皆以秦法治秦者也，三子先后皆一辙也。《韩非》言：“商君劝孝公，燔《诗》《书》而明法令。”卒之极于李斯之坑焚。斯为逢君之欲，而鞅亦何独不然？《秦本纪》言：戎人由余以“《诗》《书》礼乐法度为中国所以乱”。此见戎夏文化之不相容者已旧矣，又奚待商、韩之徒而后贱仁义忠爱哉？法家之士多出于三晋，晋以桓庄之族逼，又以骊姬之乱，诅无蓄群公子，晋是以无公族大夫。此法家废世族之所由昉乎？韩之战，晋于是乎作州兵，作辕田。此法家厉农战之所由昉乎？《韩非》言：“管仲毋易齐，郭偃毋更晋，则桓、文不霸矣。”商君称郭偃之法曰："论至德者不和于俗，成大功者不谋于众。"晋文被庐之法，郭偃之法也，肥义、商君皆诵之，此亦法家之导源欤？周人于鲁卫之封，"皆启以商政，疆以周索。"于晋人之封，则"启以夏政，疆以戎索"。以唐叔之处参墟，匡有戎狄，而戎索行焉。戎索、周戎错而法家之说于是乎渐起矣。赵威后之语齐使曰："于陵子仲尚存乎？是其为人也，上不臣于王，下不治其家，中不索交于诸侯，此率民而出于无用者也，何为至今不杀乎？"李疵语赵武灵王曰："夫好显岩穴之士而朝之，则战士怠于行陈；上尊学者，下士居朝，则农夫惰于田。战士怠于行陈，则兵弱也；农夫惰于田，则国贫。兵弱国贫而不亡者，未之有也。"此皆法家之思想也，其语岂东方齐鲁之人所忍道哉？赵之先造父，所谓北唐之戎，与秦同祖，故秦赵尤相近。《匈奴列传》言："其送死，近幸臣妾从死者数十百人。"《大宛传》言："匈奴破月氏王，以其头为饮器。"此皆不见于周代，非于时中国之俗也。《秦本纪》言："武公卒，初以人从死，从死者六十六人。穆公卒，从死者七十七人。"此戎狄之事而见于中国也。《赵策》言：三晋分知氏，"赵襄子最怨知伯，而将其头以为饮器"。此戎狄之事而见于中国也。自秦赵入诸夏，而戎狄之风俗思想悉入诸夏。法家之说，遍于战国，则中国而几化于夷。秦人遂统一中国，倘亦势之必至者也。

汉代之经济政策

均富与重农之说，周秦学者莫不主之。斯二者皆与商业私人资本主义不兼容。孔子曰："不患寡而患不均，不患贫而患不安。"墨子曰："余力相劳，余财相分。"此均富之说也。重农之说，尤数数见，孟、荀之徒，更无论也。《韩非子·六反》："故明主之治国也，适其时事，以致财物，论其赋税，以均贫富。"《史记·商君列传》亦言其"开阡陌而赋税平"。《商君书·去强篇》又曰："治国能令贫者富、富者贫，则国多力，多力者王。"而法家以重农为主要政策，则又不待论也。而抑商之说为尤显。《商君书·垦令篇》曰："重关市之赋，则农恶商，商有疑惰之情，则草必垦矣。"又曰："能令商贾技巧之人无繁，则欲国之无富，不可得也。"《韩非子·亡征篇》言："商贾外积、小民内困者，可亡也。"法家励富强，犹以抑商为说如此。若孟子固有轻商之意，而荀卿《富国篇》则曰："士大夫众则国贫，工商众则国贫。"再则曰："轻田野之税，省商贾之数，如是则国富矣。”此又儒家显然轻商之证。《老子》五十三章谓：“财货有余，是谓盗竽。”其意又可见也。周秦诸子，惟《管子》一书甚重工商业，且为偏于国外贸易，主于经济侵略。然其书亦归于重农而均贫富。其《五辅篇》曰：“贫富无度则失。”《侈靡篇》曰：“甚富不可使，甚贫不知耻。”其《轻重篇》曰：“今铸钱立币，民通移，人有十百之数，而民有卖子者何也？财有所并也。”是管子书之言均富，初不异于儒法诸家。其《治国》曰：“夫富国必粟生于农，必先禁末作文巧，民无所游食则必农，民事农则田垦，田垦则粟多，粟多则国富，国富者兵强。”《重令篇》曰：“畜长树艺，务时殖谷，力农垦草，禁止末事者，民之经产也。民不务经产，则仓廪空虚，财用不足。”管子书之重农，不异于儒法诸家。盖其官山府海，正工业国有政策，盐铁山林之征，毕入于公，且以是为均富之手段也。是周秦学者，靡不主于均贫富、重农而抑商。战国以来，商业虽已盛，而战国之思想与政治皆与商业不相容，而汉又因之。此中古商业之终归于坠落欤！《货殖传》言：“勾践用范蠡、计然以为粜，二十病农，九十病末，末病则财不出，农病则草不辟矣。上不过八十，下不减三十，则农末俱利。平粜齐物，关市不乏，治国之道也。”《食货志》言：“李悝为魏文侯作尽地力之教，曰籴甚贵伤民，甚贱伤农，故善平籴者，必谨观岁有上中下孰。上孰则上籴三而舍一，中孰则籴二，下孰则籴一，使民适足，贾平则止。小饥则发小孰之所敛而粜之，故虽遇饥馑水旱，籴不贵而民不散，取有余以补不足也。”此耿寿昌常平仓之所由来，而商人之不得兼并农人也。秦始皇亦作长太平仓，明此之起于秦，而耿氏袭之。若始皇之困辱商人，则尤有甚者。晁错言：“秦时北攻胡貉，南攻扬越，先发吏有谪及赘婿贾人，后以尝有市籍者，又后以大父母、父母尝有市籍者。”秦之抑商，且俦之于赘婿谪吏，责以戍边也。

汉之思想，亦沿周秦。《春秋繁露·调均篇》曰：“孔子曰：‘不患寡而患不均。’故有所积重，则有所空虚矣。大富则骄，大贫则忧，忧则为盗，骄则为暴。圣者见乱之所从生，故其制人道而差上下也，使富者足以示贵而不至于骄，贫者足以养生而不至于忧，以此为度而调均之，是以财不匮而上下相安，故易治也。今世弃其度制，而各从其欲，欲无所穷，而俗得自恣，其势无极。大人病不足于上，而小民羸瘠于下，则富者愈贪利而不肯为义，贫者日犯禁而不可得止，是世之所以难治也。”又曰：“孔子曰：‘君子不尽利以遗民。’故君子仕则不稼，田则不渔，食时不力珍。夫已有大者，又兼小者，天不能足之，况人乎？故明圣者为制度，使诸有大奉禄，亦皆不得兼小利，与民争利。”《食货志》述董仲舒曰：“古者税民不过什一，其求易供。使民不过三日，其力易足。民财内足以养老尽孝，外足以事上供税，下足以畜妻子极爱。至秦则不然，改帝王之制，富者田连阡陌，贫者无立锥之地，邑有人君之尊，里有公侯之富，小民安得不困。故贫民常衣牛马之衣，而食犬彘之食。汉兴，循而未改。古井田法虽难卒行，宜稍近古，限民名田，以赡不足，塞并兼之路。”仲舒可为代表儒家之说，其调均之论，限田之议，皆主于均富。而师丹亦因以为请。刺史则又奉行六条诏书。《汉官典职仪》云：“六条问事：一条，强宗豪右，田宅逾制。一条，二千石倍公向私，旁招守令，侵渔百姓，聚敛为奸。”而田宅逾制有禁也。其不尽利以遗民之说，直与《大学》“畜马乘，不察于鸡豚，伐冰之家，不畜牛羊”，其义一贯。晁错则出入于儒法之间，其重农抑商，论尤激烈。《食货志》著错之言曰：

今农夫五口之家，其能耕者不过百亩。春耕夏耘，秋获冬藏，伐薪樵，治官府，给繇役，春不得避风尘，夏不得避暑热，秋不得避阴雨，冬不得避寒冻，四时之间，无日休息。又私自送往迎来，吊死问疾，养孤长幼在其中。勤苦如此，尚复被水旱之灾，急政暴虐，当俱有者，半价而卖，亡者取倍称之息，于是有卖田宅、鬻子孙以偿责者矣。而商贾大者积贮倍息，小者坐列贩卖，操其奇赢，日游都市，乘上之急，所卖必倍，故其男不耕耘，女不蚕织，衣必文采，食必粱肉，亡农夫之苦，有仟佰之得，因其富厚，交通王侯，力过吏势，以利相倾，千里游敖，冠盖相望，乘坚策肥，履丝曳缟，此商人所以兼并农人，农人所以流亡者也。

今法律贱商人，商人已富贵矣；尊农夫，农夫已贫贱矣。上下相反，而欲国富法立，不可得也。

重农抑商不平之鸣，未有过于错之所陈者。《秦策四》称顿子曰："有其实而无其名者，商人是也，无把铫推耨之劳，而有积粟之实，此有其实而无其名者也。无其实而有其名者，农夫是也，解冻而耕，暴背而耨，无积粟之实，此无其实而有其名者也。"商之病农，盖自六国之世已然。淮南王安言："重装富贾，周流天下，道无不通，故交易之道行。"《货殖列传》言："汉兴，海内为一，开关梁，弛山泽之禁，是以富商大贾，周流天下，交易之物莫不通，得其所欲，而徙豪杰诸侯强族于京师。"又曰："关中富商大贾，大抵尽诸田，田墙、田兰，韦家、栗氏、安陵杜氏亦巨万。此其章章尤异者也。至若力农畜工虞商贾为权利以成富，大者倾郡，中者倾县，下者倾乡里者，不可胜数。千金之家，比一都之君，巨万者乃与王者同乐。"《盐铁论》："自京师东西南北，历山川，经郡国，诸殷富大都，商贾之所臻，宛周齐鲁，商遍天下，故乃贾之富者，或累万金。"此见秦汉统一之后，无关梁之禁，无兵戈之患，而商贾滋益。诸大贾为诸田，则所徙之豪杰强族，多为富室可知。而齐又特为六国时商业最盛之国也。《食货志》："关东富人益众，可徙初陵，以强京师，以弱诸侯。"始皇二十六年，徙天下豪富于咸阳十二万户。高祖九年，亦徙贵族楚昭屈景怀、齐田氏关中。先后之事若一。《食货志》言："天下已平，高祖乃令贾人不得衣丝乘车，重租税以困辱之。”秦汉初定，而亟抑商人，徙之关中，倘以商人之足为政府患也。高祖已平项楚，擒韩信，十年而陈豨反代地。黥布、韩、彭为同功一体之人，其反有自也。韩王信之反以匈奴，而陈豨之反，其故未可知。《高祖本纪》言：“上闻豨将皆故贾人也，乃多以金啖豨将，豨将多降。”曰“皆故贾人”，则非偶然也。韩王信将王黄、曼丘臣，于《豨传》亦曰“皆贾人也”，岂贾人不愿汉之政策，而以陈豨与韩王信反欤！《汉志》言：“孝惠、高后时，复弛商贾之律，然市井子孙，亦不得为官吏。”曰“弛商贾之律”，则高祖时有律可知。“市井子孙不得为官吏”，即旧律之未弛者。贾人不得衣丝、乘车与重租税。又下言“异时算轺车贾人之缗钱，皆有差下，请算如故”。殆皆旧律所制禁。《高祖纪》“贾人勿得衣锦绣绮縠絺纻罽、操兵、乘骑马”是也。桓谭言：“先帝禁人二业，锢商贾，不得宦为吏，所以抑兼并、长廉耻也。”自孝惠、高后始弛商律，《志》言：“孝惠、高后之间，衣食滋殖，文帝即位，躬修节俭，时民近战国，皆背本趋末。”而商贾遂倾郡县、为国患也。大率西汉一代，武帝以前，商贾盐铁问题最急，而土地奴婢问题次之；武帝以后，则土地奴婢问题最急，而商贾盐铁问题次之。此于思想与政策皆可见之者也。鼌错以商人之兼并农人，欲民务农而贵粟，其言曰：“贵粟之道，在于使民以粟为赏罚。今募天下入粟县官，得以拜爵，得以除罪，如此则富民有爵，农民有钱，粟有所渫。夫能入粟以受爵，皆有余者也，取于有余，以供上用，则贫民之赋可损，所谓损有余补不足、令出而民便者也。使天下入粟于边，以受爵免罪，不过三岁，塞下之粟必多矣。”文帝从之。错复言：“边食足以支五岁，可令入粟郡县矣。足支一岁以上，可时赦，毋收农民租。”上复从其言，诏赐民十二年租税之半。明年，遂除民田之租税。后十二岁（孝景二年），令民半出田租，三十而税一也。于是网疏而民富，役财骄溢，或至兼并，豪党之徒，以武断于乡曲（以上见《食货志》）。此兼并者之在乡曲而非市井，正以富之归于农民，贵农而地主问题滋益也。武帝继之，用事四夷，亦抑商贾。汉律人出一算，百二十钱，唯贾人奴婢倍算。《志》言：

> 富商贾或墆财役贫，转毂百数，废居居邑，封君皆低首仰给焉。冶铸鬻盐，财或累万金而不佐公家之急，黎民重困。于是天子（武帝）与公卿议更造钱币以赡用，而摧浮淫兼并之徒。……公卿言商贾滋众，贫者畜积无有，皆仰县官，异时算轺车贾人之缗钱，皆有差下，请算如故。诸贾人末作，贳贷卖买，居邑贮积诸物，及商以取利者，虽无市籍，各以其物自占。率缗钱二千而算一，诸作有租及铸，率缗钱四千算一，非吏比者轺车一算，商贾人轺车二算，船五丈以上一算，匿不自占，占不悉，戍边一岁，没入缗钱。有能告者，以其半畀之。贾人有市籍及家属，皆无得

> 名田以便农。敢犯令,没入田货。遣博士褚大、徐偃等分行郡国,举并兼之徒、守相为利者。于是悉禁郡国毋铸钱。杨可告缗遍天下,治郡国缗钱,得民财物以亿计,奴婢以千万数,田大县数百顷,小县百余顷,宅亦如之。于是商贾中家以上大氐破。民偷甘食好衣,不事畜藏之业。而县官以盐铁缗钱之故,用少饶矣。县官作盐铁器苦恶,贾贵,或强令民买之,而船有算,商者少,物贵。

缗钱舟车有算有禁,至商贾大破,而业之者少。故曰武帝以后商贾之患息,而土地之患滋。而桑弘羊均输之法,亦主于抑商而便农。《志》言桑弘羊"请置大农部丞数十人,分部主郡国,各往往置均输盐铁官,令远方各以其物如异时商贾所转贩者为赋,而相灌输。置平准于京师,都受天下委输,大农诸官,尽笼天下之货物,贵则卖之,贱则买之。如此,富商大贾无所牟大利则反本,而万物不得腾跃。天子(武帝)然而许之。"《盐铁论》亦言:"夫理国之道,除秽锄豪,然后百姓均平。张廷尉论定律令,明法以绳天下,诛奸猾、绝兼并之徒,而强不凌弱,众不暴寡。大夫各运筹策达国用,笼天下盐铁诸利,以排富商大贾。"于是先有之商贾既破家,而此后之商业为官有专营,宜武帝以后商贾之患永息矣。至若"父子低首,奴事富人","富者田连阡陌,贫者无立锥之地",其事虽已见于秦,中经丧乱,罕所复观。至董仲舒始请"限民名田,塞并兼之路,去奴婢，除专杀之威”。以贵粟之政行，而土地之患起。师丹仍之，一依董氏之意为说。师丹言：“古之圣王，莫不设井田，然后治乃可平。孝文承兵革之后，故务劝农桑，民始充实，未有兼并之害，故不为民田及奴婢为限。今累世承平，豪富吏訾数巨万，而贫弱愈困，宜略为限。”于是孔光、何武请：“诸侯王、列侯皆得名田国中，列侯在长安，公主名田县道，及关内侯吏民名田，皆毋过三十顷。诸侯王奴婢二百人，列侯、公主百人，关内侯吏民三十人，期尽三年，犯者没入官。”《志》言：“时田宅奴婢贾为减贱。”而耿寿昌曰：“令边郡皆筑仓，以谷贱时增其贾而籴以利农，谷贵时减贾而粜，名曰常平仓，民便之。”寿昌、师丹皆以杜土地兼并之患也。至王莽亦缘饰经义，励行均田。令曰：“汉氏减轻田租，三十而税一，而豪民侵凌，分田劫假，厥名三十，实十税五也。今更名天下田曰王田，奴婢曰私属，皆不得卖买。其男口不满八而田过一井者，分余田与九族乡党。犯令法至死。”光武解放奴婢之诏，至于七八。盖秦汉间儒者之学，其政治思想、社会思想，帝王未尝取而行之。至儒者之经济思想，凡土地商贾之属，国家皆据之为法禁。《管子》言：“商与君争民”。《管子》之书，殆作于战国之末，商与君不相容之情，已显然若此。此汉氏独重儒家思想者欤！《汉·食货志》莽诏曰：“夫《周礼》有赊贷，《乐语》有五均，传记各有斡焉。今开赊贷，张五均，设诸斡者，所以齐众庶。”《乐元语》河间献王所传，道五均事，臣瓒曰：其文云："天子取诸侯之土以立五均，则市无二贾，四民常均，强者不得困弱，富者不得要贫，则公家有余，恩及小民也。"此亦献王推其说而王莽遂其事。儒者抑富之说，影响于后来之政治，大率如此，而王莽所为，又一切无不本之经说也。循是以往，重农抑商为中国历史上根本之国策。至后汉之末，而井田之要求重兴。仲长统《昌言·损益篇》曰："井田之变，豪人货殖，馆舍布于州郡，田亩连于方国，有千室名邑之役，荣乐过于封君，财赂自营，犯法不坐，刺客死士为之投命，盖分田无限使之然也。今欲张太平之纪纲，非井田实莫由也。今当限夫田以断兼并，去末作以一本业。"荀悦言："汉氏或百一而税，可谓鲜矣。然豪强富人占田逾侈，输其赋太半，官家之惠优于三代，豪强之暴酷于亡秦。夫井田之制，不宜于人众之时，田广人寡，苟为可也。若高祖初定天下，光武中兴之后，人众稀少，立之易矣。既未悉备井田之法，宜以口数占田，为之立限，人得耕种，不得卖买，以赡贫弱，以防兼并。"至司马朗又论之于魏。晋有宇内，课田、占田之法遂行，至元魏为均田，隋唐又为租庸调也。《晋书·食货志》言："泰始二年诏曰：夫百姓年丰则用奢，凶荒则穷匮，令国宝散于穰岁而上不收，贫弱困于荒年而国无备。豪人富商，挟轻资，蕴重积，以管其利。故农夫苦其业，而末作不可禁也。"五年，敕戒郡国守相令长，务尽地利，禁游食商贩。傅玄书《检商贾篇》言："夫商贾者所以伸盈虚，通有无，而壹四海之财，其人可甚贱，而其业不可废。秦乱四民而废常贱，竞逐末利而弃本业，苟且一切之风起矣。都有专市之贾，邑有倾世之商，商贾富乎公室，农夫伏于陇亩。故明君急商而缓农，贵本而贱末，市无专利之贾，国无擅山泽之民。商贾专利，则四方之资困；民擅山泽，则兼并之路开。”玄之疏陈要务又言：“先王分士农工商，以经国制事，各一其业而殊其务。臣以为宜亟定其制，通计而天下若干人为士，足以副在官之吏。若干人为农，三年足有一年之储。若干人为工，足其器用。若干人为商贾，足以通货而已。夫为政之要，计民而置官，分民而受事，士农工商之分，不可斯须而废也。若未能精其防制，宜计天下文武之官，足为副贰者使学，其余皆归之于农。若百工商贾有长者，亦皆归之于农。”抑商重农之政与其说，至晋未坠也。至隋唐，且禁在官者之事商贾，是儒者之经济思想，至晋唐犹据之为国策，虽至清末犹然。则自汉至清，亘二千年，社会经济无大变化，阶级斗争，绝未见于国史，岂非以均富思想之故欤！于是节制资本，亦遂为中国长期传统之政策。而中国之历史，遂独特表现一种超阶级之政治也。若傅玄之主于士农工商皆为通计，使无羡乏。意之精特，与鲍敬言之无治论，各极两端，以相辉映，尤为敻绝也。晋人之说，多本之于汉，前论干宝、孙盛，已略陈之。《食货志》又言：“平吴之后，有司又奏：王公以国为家，京城不宜复有田宅，近郊刍藁之田，今可限之。国王公侯京城得有一宅之处，近郊田大国十五顷、次国十顷、小国七顷。其官品第一至于第九，各以贵贱占田：品第一者占田五十顷，第二品四十五顷，第三品四十顷，第四品三十五顷，第五品三十顷，第六品二十五顷，第七品二十顷，第八品十五顷，第九品十顷。又得荫人以为衣食客及佃客，品第六以上得衣食客三人，第七、第八品二人，第九品及……武骑一人。其应有佃客者，官第一、第二者佃客不过五十户，第三品十户，第四品七户，第五品五户，第六品三户，第七品二户，第八、第九品各一户。”斯大体与师丹之所请，孔光、何武之所定相扶同。先汉今文师说，至西晋固未坠，京君明之考功课吏法，魏晋之际，犹绍述之。斯岂非汉之儒者，于中国政治衣被之广乎？求国史自汉以下无激变之故者，寻之于汉儒所以挈取周秦学术镕铸以成之说可也。

余读《汉书·食货志》，而后知儒家经济思想之深且宏矣。孟子曰：“夫王政必自经界始。”盛赞井田，而《王制》亦亟论之。夫井田，均产耳，不足道也。墨子曰：“余力相劳，余财相分。”而《礼运》颇明之。夫相劳相分，共产耳，不足道也。衰周之理想，至是已渺不可及。然汉代无一伸《礼运》之义，作井田之鸣者，岂其说益高于彼，而有不屑道者在耶？董子书以为：“圣者见乱之所从生，故其制人道而差上下也，使富者足以示贵而不至于骄，贫者足以养生而不至于忧，以此为度而调均之。”是知董子之义，实超于墨、孟之俦，故舍其说而不循也。《管子书·侈靡篇》曰：“甚富不可使，甚贫不知耻。”此又晚周之说而董生之所本耶。董生使富不至于骄，贫不至于忧。是则贫富之不可废，而应有其度。贫富不废，是自由也。贫富有度，则平等也。平等而自由，固至上之制，岂今世各国所能跂及者哉？我建国最高原则之树立，良以此也。董生忌乎大富大贫，曰“节制资本”，是去大富；曰“平均地权”，是去大贫。我固有之文化，足以定今日之国是，其义独高于欧美，顾不信欤！故仲舒之论，不曰井田，而曰限民名田，以赡不足、塞兼并。汉室因之，刺史奉行六条诏书问事，其首曰：“强宗豪右，田宅逾制。”国史自汉以下，社会经济无剧烈之变动者，独非经师所论、国家所施者，已奠定一自由而平等之基欤！余于此始了然于《班志》所述者虽至繁，而别有其至要而不可易者。执简以御繁，然后汉代之治可明，而中国之史可说也。凡西汉之经济政策，武帝以前最急者为商贾、为盐铁。商贾、盐铁之害祛，贵农而贱商，民宜安也。然农贵而土地问题继之以起。故武帝以后之政策，又以土地、奴婢为最急。殆至光武继之，而度制以大成。凡欧洲史中封建贵族与工商资本之争、资本与劳动之争，为患稽天者，于中国史悉无之。一若中国民族独不解阶级斗争之事，而孰知即晁错、董子之消息于无形耶？欧美今日所不能解决者，中国于二千年前已处之有其方。是安得以我自然科学之后于人，而谓我历史亦后于人耶？余因究《班志》之义，而广采一切先后之说以推明之，而以董生之说为主。明乎董生之义，而后于晦庵、水心之辩，亦可以决其得失也。

宋明之社会设计

孟子之学，主于“以不忍人之心，行不忍人之政”。汉儒言政，精意于政治制度者多，究心于社会事业者少。宋儒则反是，于政刑兵赋之事，谓“在治人不在治法”，其论史于钱谷兵刑之故，亦谓“则有司存”，而谆谆于社会教养之道。汉以降，晋人行占田、课田之制，元魏行均田之法，至唐而有租庸调。五代以后，征敛重而民生苦。横渠、明道咸主复井田以均贫富，而苏老泉言之尤于宋事为切。其论田制曰：“井田废，田非耕者之所有，而有田者不耕也。耕者之田，资于富民，富民之家，地大业广，阡陌连接，募召浮客，分耕其中，鞭笞驱役，视以奴仆，安坐四顾，指挥于其间。而役属之民，夏为之耨，秋为之获，无一人违其节度以嬉，而田之所入，己得其半，耕者得其半。有田者一人，而耕者十人，是以田主日累其半以至于富强，耕者日食其半以至于穷饿而无告。夫使耕者至于穷饿，而不耕不获者坐而食富强之利，犹且不可，而况富强之民，输租于县官，而不免于怨叹嗟愤。何则？彼以其半而供县官之税，不若周之民以其全力而供什一之税也。使以其半而供什一之税，犹用什二之税然也。况今之税，又非特止于什一而已，则宜乎其怨叹嗟愤之不免也。噫！贫民耕而不免于饥，富民坐而饱以嬉，又不免于怨，其弊皆起于废井田。井田复，则贫民有田以耕，谷食粟米不分于富民，可以无饥；富民不得多占田以锢贫民，其势不耕则无所得食，以地之全力，供县官之税，又可以无怨。是以天下之士争言复井田。”均田之制，晋唐犹行之，自宋以下遂废不可复，其事亦自有故。世多羡称宋太祖以杯酒释诸将兵权，夷考其实，盖太祖谓石守信等曰：“所为好富贵者，不过欲多积金钱，厚自娱乐，使子孙无贫乏耳。卿等何不释去兵权，出守大藩，择便好田宅市之，为子孙立永远之业？多致歌儿舞女，日饮酒相欢，以终其天年。”是太祖方以广田宅啖诸将，而销藩镇之患。故其语曹彬亦曰：“美官不过多得钱耳。”是其以官僚地主政策，收拾数百年来糜烂之局，是以宁结怨于民，而未肯失欢于官。曰“耕者有其田”，此圣人之训也。释圣人之训，而殉官僚之欲，固有势使之然者也。此井田均地之政，自宋后遂不可复。秦人以入粟拜爵，宋以来又可以纳赀得官，以一时之政，而贻千载之失，知太祖为祸之首也。太宗时京畿周环二十三州，幅员数千里，地之垦者十才二三，税之入者十无五六。陈靖上言：“请募民耕垦，给授桑土，潜拟井田，营造室居，使立保伍。养生送死之具，庆吊问遗之资，并立条例。制其田为三品，上田人授百亩，中田百五十亩，下田二百亩，并五年后收其租。亦只计百亩，十收其三。”以格于宰相吕端不得行。仁宗时上书者言：“赋役不均，田制不立。”因诏限田：“公卿以下勿过三十顷，牙前将吏应复役者勿过十五顷，过是者论如违制律。”而任事者终以限田不便旋废。高宗南渡，林勋献《本政书》，请“仿古井田之制，使民一夫占田五十亩，其羡田之家，勿得市田。无田及游惰末作者，皆使为农”。时不能行。其后兼并益甚，谢方叔上言：“豪强兼并之患，至今日而极。百姓膏腴，皆归贵势之家，租米有及百万石者。小民百亩之田，频年差充保役，官吏诛求百端，不得已则献其产于巨室，以规免役。小民田日减而保役不休，大官田日增而保役不及，此弱之肉强之食，兼并侵盛，民无以遂其生。”惟宋一代，儒生土地不平之鸣虽时起，而官僚地主之制，终不得改。宋以来儒者极多究心于社会救济事业，固源于理学理论之必然，殆亦有其实际情势之不得不然者也。

孟子以“明君制民之产，必使仰足以事父母，俯足以畜妻子，乐岁终身饱，凶年得免于死亡，夫然后驱而之善，故民之从之也轻”。又曰：“五亩之宅，树之以桑，五十者可以衣帛。鸡豚狗彘之畜，无失其时，七十者可以食肉。百亩之田，勿夺其时，八口之家，可以无饥。谨庠序之教，申之以孝悌之义，颁白者不负戴于道路。老者衣帛食肉，黎民不饥不寒。”庶矣则富之，富矣则教之，保民之治，养之教之至矣。宋儒言养，尤复谆谆于教，固孔孟以来之说然也。朱子《金华县社仓记》言：“安石青苗之法之本意，未为不善，但其给之也以金而不以谷，其处之也以县而不以乡，其职之也以官吏而不以乡人士君子。”宋人固轻政治制度，而重社会事业，由朱子之说，又见其重乡之自治，而不欲其事属之官府。此又宋儒于乡村福利，恒主于下之自为也。钱公辅《义田记》曰：“范文正公置负郭常稔之田千亩，号曰义田，以养济群族之人。日有食，岁有衣，嫁娶凶葬皆有赡，择族之长而贤者主其计，而时其出纳焉。日食人一斗，岁衣人一缣，嫁女者五十千，娶妇者三十千，再娶者十五千，葬者如再娶之数，葬幼者十千，族之聚者九十口，岁人给稻八百斛，以其所入，给其所聚，沛然有余而无穷。屏而家居候代者与焉，仕而居官者罢莫给，此其大较也。公虽位充禄厚，而贫终其身，没之日身无以为殓，子无以为丧，惟以施贫活族之义遗其子而已。”钱氏所记如此，与希文始定规矩，稍有出入。又原有一条云：“乡里外姻亲戚，如贫窘中非次急难，或遇年饥不能度日，相度验实，即于义田米内量行济助。”是义庄之施，兼给族外也。既给族外，则义田虽曰惠一族，而实以惠一乡，以农业社会，恒聚族而居，故徒以族言耳。至忠宣（纯仁）《续定规矩》有条云：“子弟得贡赴大比者，每人支钱一十贯文，再贡者减半。”又次条云：“子弟内选曾得辞，或预贡有士行者，二人充教授，月给糙米五石。若生徒不及六人给三石，及八人给四石，及十人全给。”是义庄又兼惠学人，由养及教也。元明以下，义庄规矩屡定，所惠益广矣。

范氏义田，由族而及族外。吕和叔大钧继之，而有《吕氏乡约》。一曰德业相励。主于“见善必行，闻过必改，能治其家，能事父兄，能肃政教，能广施惠，能救患难，能为众集事，能兴利除害”。二曰过失相规，谓“行止逾违，行不恭逊，侮慢齿德，恃强凌人。或与人要约，退即背之。与人交易，伤于掊克。游戏怠惰，进退疏野，衣冠华饰。及全不完整，不衣冠而入街市。正事废忘，期会后时，临事怠惰，用度不节”。三曰礼俗相交。谓“凡少者幼者，于尊者长者，岁首冬至，四孟月朔，辞见贺谢，皆为礼见。用幞头公服腰带靴笏，当行礼而有恙故，皆先使人白之。或遇雨雪，则尊长先使人谕止来者。此外候问起居，质疑白事，及赴请召，皆为燕见。深衣凉衫皆可，尊长令免即去之。尊者受谒，不报。长者岁首冬至具膀子报之，如其服，余令子弟以己名膀子代行。凡敌者岁首冬至辞见贺谢相往还。凡见尊者长者，门外下马，俟于外次，乃通名。凡往见人，入门必问主人食否，有他客否，有他干否。度无所妨，乃命展刺。主人使将命者先出迎客，客趋入至庑间，主人出降级，客趋进，主人揖之升堂。礼见四拜而后坐。燕见不拜，旅见则旅拜。少者幼者自为一列。退则主人送于庑下。若命之上马，则三辞，许则揖而退，出大门乃上马；不许则从其命。凡遇尊长于道，皆徒行，则趋进揖，立于道侧，已过乃揖而行。或皆乘马，于尊者则回避之，于长者则立马道侧揖之，俟过乃揖而行。若己徒行而尊长乘马，则回避之。若己乘马而尊长徒行，望见则下马前揖，已避亦然，过既远乃上马。遇敌者皆乘马，则分道相揖而过。彼徒行而不及避，则下马揖之，过则上马。遇少者以下，皆乘马彼不及避，则揖之而过。彼徒行不及避，则下马揖之。凡请尊长饮食，亲往投书；既来赴，明日亲往谢之。召敌者以书柬，明日交使相谢。召少者用客目，明日客亲往谢。凡聚会皆乡人，则坐以齿。若有亲，则必序；若有他客，则坐以爵。若有异爵者，虽乡人亦不以齿。若特请召，或迎劳出饯，皆以专召者为上客。如婚礼则姻家为上客，皆不以齿爵为序。凡有远出远归者，则迎送之。少者幼者，不过五里，敌者不过三里。各期会于一处，拜揖如礼；有饮食则就饮食之。少者以下，俟其既归，又至家省之。凡同约有吉事则庆之。婚礼虽曰不贺，然礼亦曰贺娶妻者，盖但以物助其宾客之费而已。有凶事则吊之，丧葬水火之类。庆礼如常仪，有赠物，用币帛酒食果实之属，众议量力定数。或其家力有不足，则同约为之借助器用，及为营干。凡吊礼同约往哭吊之，且助其凡百经营之事。主人既成服，则相率具酒果食物而往奠之。赙礼川钱帛，众议其数。如庆礼及葬，又相率致赗，俟发引则素服往送之，赗如赙礼。或以酒食犒其役夫，及为之干事。凡丧家不可具酒食衣服，以待吊客，客亦不可受。”四曰患难相恤。“水火小则遣人救之，甚则亲往，多率人往且吊之。盗贼近则同力追捕。疾病小则遣人问之，甚则为访医药，贫则助其养疾之资。死丧阙人，则助其干办，乏财则赠赙借贷。孤遗无依者，若能自赡，则为之区处，稽其出纳，或择人教之，及为求婚姻。贫者协力济之。若稍长而放逸不检，亦防察约束之。有为人诬枉，可以解救，则为解之。或其家因而失所者，众共以财济之。有安贫守分，而生计大不足者，众以财济之，或为假贷置产，以岁月偿之。凡同约者，财物器用车马人仆，皆有无相假。邻里或有缓急，虽非同约亦当救助，或为之告于同约而谋之。同约之人，各自进修，各自省察，互相劝勉，互相规戒。凡不如约者，以告于约正而诘之。其争辩不服，与终不能改者，皆听其出约。”范氏义庄，专于养亦不废教。《吕氏乡约》偏于教，亦兼及养。范以赡族亦及于族外，吕以睦乡亦及于约外。农业社会，乡族皆聚居，实无大异。由近及远，以亲推疏，故以乡族始，固不以乡族终也。《吕氏乡约》经朱子增损后，迭有变通。及《高子宪约》，凡而课农桑、兴教化、育人才、社仓、保甲、浚陂池、修道路、养济院之类，胥包括于其中，规模益阔也。以《吕约》礼俗相交，犹行于近代，故录之稍详。

孟子主于“五亩之宅，树墙下以桑，五母鸡，二母彘，百亩之田，勿夺其时，谨庠序之教，申之以孝悌之义”。儒家之言，教养二端尽之也。《汉书·食货志》所述，则益明备。其说曰："井方一里，是为九夫，八家共之，各受私田百亩、公田十亩，是为八百八十亩。余二十亩以为庐舍，出入相友，守望相助，疾病相救，民是以和睦而教化齐同，力役生产，可得而平也。民受田，上田夫百亩，中田夫二百亩，下田夫三百亩。岁耕种者为不易上田，休一岁者为一易中田，休二岁者为再易下田。三岁更耕之，自爰其处。士工商家受田，五口乃当农夫一人。此谓平土可以为法者也，若山林、薮泽、原陵、淳卤之地，各以肥硗多少为差。民年二十受田，六十归田。七十以上，上所养也；十岁以下，上所长也；十一以上，上所强也。种谷必杂五种，以备灾害。田中不得有树，用妨五谷。环庐树桑，菜茹有畦，瓜瓠果蓏，殖于疆易，鸡豚狗彘，毋失其时。在野曰庐，在邑曰里。于里有序而乡有庠，序以明教，庠则行礼而视化焉。春令民毕出在野，冬则毕入于邑。春秋出民，里胥平旦坐于左塾，邻长坐于右塾，毕出然后归，夕亦如之。入者必持薪樵，轻重相分，斑白不提挈。冬民既入，妇人同巷相从夜绩，女工一月得四十五日。必相从者，所以省费燎火，同巧拙而合习俗也。男女有不得其所者，因相与歌咏，各言其伤。是月，余子亦在于序室，八岁入小学，学六甲五方书计之事，始知室家长幼之节。十五入大学，学先圣礼乐，而知朝廷君臣之礼，其有秀异者移乡，学于庠序，庠序之异者移国，学于少学。诸侯岁贡少学之异者于天子，学于大学，命曰造士。行同能偶，则别之以射，然后爵命焉。孟春之月，群居者将散，行人振木铎徇于路以采诗，献之太师，比其音律，以闻于天子，故曰王者不窥牖户而知天下。民皆劝功乐业，先公而后私。三年耕则余一年之畜，衣食足而知荣辱，廉让生而争讼息，故三载考绩，三考黜陟，余三年食。进业曰登，再登曰平，余六年食。三登曰泰平，二十七岁，遗九年食。然后至德流洽，礼乐成焉。”以教以养，所谓养生送死无憾者也。何休《公羊解诂·宣十五年传》说亦略同。至肥硗多少为差之说，贾逵注《左传》陈义最详，云：“山林之地，九夫为度，九度而当一井。薮泽之地，九夫为鸠，八鸠而当一井。京陵之地，九夫为辨，七辨而当一井。淳卤之地，九夫为表，六表而当一井。疆潦之地，九夫为数，五数而当一井。偃豬之地，九夫为规，四规而当一井。原防之地，九夫为町，三町而当一井。湿皋之地，九夫为牧，二牧而当一井。衍沃之地，亩百为夫，九夫为井。”《韩诗外传》四言：“八家而井，家得百亩，家为公田十亩，余二十亩共为庐舍，各得二亩半。八家相保，出入更守，疾病相忧，患难相救，有无相贷，饮食相召，嫁娶相谋，渔猎分得；仁恩施行，是以其民和亲而相好。今或不然，令民相伍，有罪相伺，有刑相举，使构造怨仇，而民相残，伤和睦之心，贼仁恩，害士化，所和者寡，欲败者多，于仁道泯焉。”韩婴、班固、贾逵、何休诸家说井田，委悉周至，其为非殷周故实，彰然甚明，余于《儒家政治思想篇》备论之也。至韩氏所云“今或不然，令民相伍，有罪相伺”，正责商君所为秦法言之也。其理想之乡村，可谓至美善也。

《宋史·食货志》言：“太祖建隆以来，命官分诣诸道均田，苛暴失实者辄谴黜。令课民种树，定民籍为五等，第一等种杂树百，每等减二十为差，梨枣半之。男女十岁以上种韭一畦，阔一步长十步。乏井者邻伍为凿之。令佐春秋巡视书其数，秩满，第其课为殿最。又诏所在长吏，谕民有能广植桑枣、垦辟荒田者，止输旧租。诸州各随风土所宜，量地广狭，土壤瘠埆，不宜种艺者，不须责课，岁丰则谕民谨盖藏，节费用，以备不虞。民伐桑枣为薪者罪之，剥桑三工以上为首者死，从者流三千里，不满三工者减死配役，从者徒三年。太宗太平兴国中，两京诸路，许民共推练土地之宜、明树艺之法者一人，县补为农师，令相视田亩肥瘠及五种所宜。某家有种，某户有丁男，某人有耕牛，即同乡三老里胥召集余夫，分画旷土，劝令种莳，候岁熟共取其利，为农师者蠲税免役。民有饮博怠于农务者，农师谨察之白州县论罪，以警游惰。所垦田即为永业，官不取其租。”《元史·食货志》：“至元七年立司农司，以张文谦为卿，专掌农桑水利。又颁农桑之制十四条，其法：县邑所属村疃，凡五十家立一社，择高年晓农事者一人为之长。增至百家者，别设长一员，不及五十家者，与近村合为一社。地远人稀，不能相合，各自为社者听。其合为社者,仍择数村之中,立社长官司长,以教督农桑为事。凡种田者立牌橛于田侧,书某社某人于其上,社长以时点视,劝诫不率教者,籍其姓名,以授提点官责之。其有不敬父兄,及凶恶者亦然,仍大书其所犯于门,俟其改过自新乃毁。如终岁不改,罚其代充本社夫役。社中有疾病凶丧之家,不能耕种者,众为合力助之。一社之中,灾病多者,两社助之。凡为长者复其身,郡县官不得以社长与科差事。农桑之事,以备旱暵为先,凡河渠之事,委本处正官一员,以时浚治。或民力不足者,提举官相其轻重,官为导之。地高水不能上者,命造水车。贫不能造者,官具材木给之,俟秋成之后,验使水之家,俾均输其值。田无水者凿井,井深不能得水者听种区田。其有水田者不必区种,仍以区田之法,散诸农民。种植之制,每丁岁种桑枣二十株,土性不宜者听种榆柳等,其数亦如之。种杂果者,每丁十株,皆以生成为数,愿多种者听。其无地及有疾者不与。所在官司申报不实者罪之。仍令各社布种苜蓿,以防饥年。近水之家,又许凿池养鱼,并鹅鸭之数,及种莳、莲藕、鸡头、菱芡、蒲苇等,以助衣食。凡荒闲之地,悉以付民,先给贫者,次及余户。每年十月,令州县正官一员巡视境内,有虫蝗遗子之地,多方设法除之。其用心周悉,若此其仁矣。”两《食货志》所著劝农之政,大体与韩婴、班固之说相仿佛,其为依前儒之义以立制,固自显然。夫蒙古之有中夏,原欲悉诛汉人,空其地为牧场，固不足以言政治。乃其于理乡里勤农桑，忽焉视宋为尤美备，岂不异哉？良以两宋之学，以淑人济民为旨，殆张文谦、陈邃之俦，所建白皆取之宋儒之理想，期以见之于行事耳，其精善美备，固政府之所未知也。

书院之制，创始于唐，以遂宁县张九宗书院为最古，盖贞观九年所建也。唐末五代，学校废坠，士大夫往往建书院以为聚书待士之所，至胡安定之经义治事斋，而风靡一代也。朱子有《白鹿洞学规》，后遂永为书院法度之模楷，其略曰："近世于学有规，其待学者为已浅矣，而又未必古人之意。今特取凡圣贤所以教人为学之大端，条列如右。曰父子有亲，君臣有义，夫妇有别，长幼有序，朋友有信。学者学此五者而已，而所以学之之序亦有五。曰博学之，审问之，慎思之，明辨之，笃行之。曰言忠信，行笃敬，惩忿窒欲，迁善改过，为修身之要。曰正其义不谋其利，明其道不计其功，为处事之要。曰己所不欲，勿施于人，行有不得，反求诸己，为接物之要。"胡居仁因之又作《续白鹿洞学规》。其大纲为：(一)正趋向以立其志。(二)主诚敬以存其心。(三)博穷事理，以尽致知之方。(四)审察几微，以为应事之要。(五)克治力行，以尽成己之道。(六)推己及物，以广成物之功。倭艮峰又因胡规作《为学大指》，魏裔介作《圣人家门喻》，寇守信又作《家门喻补编》，皆衍朱子《学规》之绪，以为淑人之方者也，而皆以迁善为训。至高汝白之《洞学十戒》，吕新吾之《社学要略》，亦著十戒，则皆以改过为训。吕戒尤浅易，盖以社学为平民而设也。陈文述之《义学说》曰："一幼童明白书理，可以化一家之父兄，可以化同居之邻里。今动以创建书院为美谭，愚谓书院教已成之俊秀，不如义学教未成之童蒙。此日之童蒙，不必为将来之俊秀，亦必为将来之丁壮，聚十百千万能知书理之人，其风俗之良楛必有辨矣。"其《捐设义学议》又曰："世家大族，类知设塾延师，教其子弟。中人之产，力难延师者，亦勉力以附于有力之家，子弟亦被《诗》《书》之泽矣。然而贫富不齐，力能延师者，十不及一，附学者十不能二三。此外则悠悠忽忽，以生以长，不识一字，已可悯矣。合十百千万不识理之人，群萃州处，此亦大可虑也。"遂作《塾中条例》七事。于是后之岭南吴氏启蒙义学，亦有条规。有称简便义塾者，复有《蒙馆条规》之类，不可枚数。至江阴郑经复有恤孤义塾之设，专以教育嫠妇之子；洗心局之设，又专以教养名门世族子弟之沦落失学者，沾溉可谓广且悉矣。

司马温公《居家杂仪》曰："凡子事父母，妇事舅姑，天欲明咸起盥漱栉总，具冠带，昧爽适父母、舅姑之所，省问夜来安否。父母、舅姑起，子供药物，妇具晨羞，供具毕乃退，各从其事。将食，妇请所欲供之，尊长毕食乃退。既夜，父母、舅姑将寝，则安置而退。居间无事，则侍于父母、舅姑之所，侍立必恭，执事必谨，应对言语，必下气怡声，出入起居，必谨扶卫之，不敢涕唾喧呼于父母之侧。

父母不命之坐不敢坐，不命之退不敢退。”姚廷杰之《教孝条约》，则更恢宏。其大纲曰：“全天性以乐其生，和兄弟以慰其心，训妻子以释其忧，慎交游以免其虑，动婉容以得其欢，善奉养以安其身，勤服劳以适其体，审寒燠以防其疾，存人心以酬其德，受偏憎以隐其过，用几谏以冀其悟，慎殡殓以保其肤，急营葬以安其灵，全节义以显其名。”逐条皆有详说。孙念劬有《事亲规约》二十二事，而侍容一条，用心尤极精至，曰：“侍父母之侧，无戚容，无怨容，无惰容，无庄容，无思容，无昏忽之容，无不足之容。”色养之道，庶乎尽矣。于清端公又有《治家规范》四十二事，首一条即为：“如有不孝，族人公罚。勉以弟兄爱敬，患难相恤，贫富相顾，贤不肖相劝。族中老幼，不论品之贵贱，照长幼执礼。驭奴仆须体恤劳苦，轸念饥寒。”而朱柏庐《家训》，于治家淑人，则更菽粟之文，而金玉其音也。其言“弟兄叔侄，分多润寡”，斯皆由教而及于财，由家而及于族。陈榕门则有《宗祠条规》，于睦族之义有三要，曰尊尊、老老、贤贤；有四务，曰矜幼弱、恤孤老、周窘急、解纷竞。引伸触类，为义仓、义田、义学、义冢，教养同族，使生死无失所。其“职业当勤”一条，则曰：“所谓勤者，非徒尽力，实要尽道。如士须先德行，切勿舞文弄法，颠倒是非。举监生员，不得出入公门，有玷行止。仁宦不得以贿败官，贻辱祖宗。农者不得窃田水，纵牲畜作践，欺赖田租。工者不可作淫巧，售敝伪器物。商者不得纨绔冶游，酒色浪费。亦不得越四民之外，为僧道，为胥隶，为优戏，为椎埋屠宰及赌博，犯者宜会族众送官惩治，不则罪坐长房。”又“闺门当肃”条曰：“或赋性不良，凶悍妒忌，傲辟长舌，皆为家之索，罪坐其夫。若本妇性果冥顽，化诲不改，祠中据本夫告词，询访的确，当祖宗前，合众给以除名帖，或屏之外氏之家。”此则由教养而及于合族之制裁。他如王孟箕《宗约》、裘义门《族约》、余竹逸《家约》，莫不条目灿然，教养惩劝之道备焉。今蜀俗有清明会者，于清明时展墓，大会族人于宗祠，其于贫乏者有贷，而子弟之浮薄无行有罚，胥由族人公议之，是亦养与教兼行之方，而遍及于闾庶者也。

儒者恒言曰：“国无九年之蓄曰不足，无六年之蓄曰急，无三年之蓄曰国非其国也。三年耕必有一年之食，九年耕必有三年之食。以三十年之通，虽有凶旱水溢，民无菜色。”此就井田之政言之也。井田废而后李悝（李克）有平粜之法，在汉以耿寿昌之请而有常平仓。朱子以常平仓藏于州县，所及不周，乃酌定为社仓法，以行于乡。淳熙八年，朱子为浙江提举，疏言：“乾道四年，建民艰食，熹请于府，得常平米六百石，请本乡士刘如愚共任赈贷。夏受粟于仓，冬则加二计息以偿。自后逐年敛散。或遇稍歉，即蠲其息之半，大饥则尽蠲之。凡十有四年，得息米造成仓廒，以原数六百石还府，见储米三千一百石，以为社仓，不复收息，每石只收耗米三升。以故一乡四五十里间，虽遇凶年，人不缺食。请以是行于仓司。”时陆九渊在敕令局，见之叹曰：“社仓几年矣，有司不复举行，所以远方无知者。”遂编入振恤。凡借贷者十家为甲，甲推其人为之首。五十家则择一公平晓事者为社首，每年正月，告示社首，下都结甲，其有逃军及作过无行之人，与有税钱衣食不阙者，并不得入甲。其应入甲者，又问其愿与不愿。愿者开具一家大小口若干，大口一石，小口减半，五岁以下不预请。甲首加请一倍，社首审订虚实，取各人手书，持赴本仓，再审无弊，然后排定甲首附都簿，载某人借若干石，依正簿分两时给，关与甲头，收执请谷，初当下田时，次当耘耨时。秋成还谷，不过八月，三十日纳足，湿恶不实者罚之。《文献通考》云：“真德秀帅长沙行之，然今所在州县间有行之者，皆以熹之已行者为式。凶年饥岁，人多赖之。”常平仓外，又有社仓，其于备荒济贫，为惠博矣。朱子《建安五夫社仓记》曰：“成周之制，县都各有委积，以待凶荒。而隋唐所谓社仓者，亦近古之良法也。今皆废矣。独常平义仓，尚有古法之遗意，然皆藏于州县，所惠不过市井惰游辈；至于深山长谷，力穑远输之民，则虽饥饿致死而不能及也。又其为法太密，使吏之避事畏法者，视民之殍而不肯发，往往全其封鐍，递相传授，累数十年不一訾省。一旦甚不获已，然后发之，则已化为浮埃聚壤，而不可食矣。夫以国家爱民之深，其虑岂不及此？然而未有所改者，岂不以里社不能皆有可任之人？欲谨其出入,同于官府,则钩校靡密,上下相遁,其害又有甚于前所云者。"此固朱子社仓之法所为作也。明邠州邓成美又约族人预给一周利会,其法:丰收时每亩出谷一斗或二斗,逮来春有人借者,按三分行利,秋收交还,积之数年,粒米狼戾。其或值岁歉,视族人缓急,散给以活之。所谓周于利者凶年不能杀也。至高子《宪约》,于社仓事云:"社仓是救民良法,各乡劝缙绅及名家自造仓廒,自收自放,不可以官府与之。其法量人户种田多少,人口多少,以二分起息,于青黄不接时借贷。又必二三十户连名保借,欠者即同保内人户摊赔。小荒减利,中荒捐利,大荒连本米下年征催。官府给与印信文簿,为究治奸顽,使之可久。"又云:"仓谷主守,须择殷富谨厚者,量以礼待,每年交盘更换,勿令偏累倾家。但令接管者照数交收,勿令吏书参与。及时敛散,出陈易新。"又云:"州县极贫待毙之民,大约可计,每岁动支预备仓谷,城中四门择寺观宽绰者煮粥,每人米五合,即可苟延残喘。自十月十五日起,正月十五日止,孤老有粮,不许混冒,约费百余石耳。设诚行之,利济不少。"汤念平有《劝积义谷序》《募积义谷疏》,谓:"于月之朔望,谒神庙者,随其意,因其力,或一斛,或一斗,亲旧称觞,计其费出义谷,宴会有不可已者,则薄其费而以义谷补之。"魏叔子《立义仓策》谓:"每坊设立义仓,不必分派若干家若干人,随其相附近处,择便为之,听民自议自行,则众情和矣。坊中有富豪悭吝不肯助义者，本坊呈官，视所应出，加罚三等。”后之言社仓者，固有多方，然莫不以朱子为本。杨景仁曰：“太平之世，遇歉岁而民不饥，盖不独损上以益下也，抑民间有自相补助之道焉。”盖立法虽各异，而以民间自助为主，不恃官府，则先后所同也。故朱子、高子皆谓不以官与其事，而以乡之人自任之。官任之弊诚多，要此究社会自所应为之事，不如自任之于事为便也。

富郑公知青州，会河朔大水，民流入境内。公择部内丰稔者五州，劝民出粟十五万斛，益以官廪，随所在贮之。择公私庐舍十余万间，散处其人。择待阙官吏廉能者给其禄，使循行乡里，问老弱疾苦廪之。山林河泊之利，有可取为生，听流民取之，主不得禁。流民死者，葬之丛冢。明年麦大熟，流民各以远近受粮而归，凡活五十余万人。前之救灾者，皆聚民城郭中，煮粥食之。蒸为疾疫，群相蹈藉死，或待次数日不食，得粥皆僵仆。自公立法，简便周至，天下传以为式。清陈鹏年有《救荒二十策》，或又有《牧令当行二十二条》，皆后来法之可考见者（见《得一录》）。明林希元疏云：“救荒有二难，曰得人难，审户难。有三便，曰极贫民便赈米，次贫民便赈钱，稍贫民便账贷。有六急，曰垂死急馇粥，疾病急医乐，病起急汤米，既死急埋瘗，遗弃小儿急收养，轻重系囚急宽恤。有三权，曰借官钱以籴粜，兴工作以助赈，贷牛种以通变。有六禁，曰禁侵渔，禁攘盗，禁遏籴，禁抑价，禁宰牛，禁度僧。有三戒，曰戒迟缓，戒拘文，戒遣使。”此其大略也。杨景仁曰：“太平之世，遇歉岁而民不饥，盖不独损上以益下也，抑民间有自相补助之道焉。助赈皆有优奖之典，以施期于当厄，多一人捐，即多一人食，实救荒之仁术也。劝输之事不一端，助赈而外，凡设粥平籴、辑流民、收幼孩、施衣、施药、施棺，皆是也。饥荒之岁，安富必早安贫也。”王圻《赈贷议》亦曰：“以百姓之财，救百姓之死，盖昔人于灾歉之岁，国家有赈恤，而民间仍有自救之方。”陆桴亭《施米汤约》曰：“荒岁米贵，久饥每每致死。因思今素封之家，朝夕炊粥饭时，幸少增勺水，汤沸挹取数盏，多多益善。明晨以汤再烧，量入麦粉，使成稀粥，各就门首施之。”斯儒者恻然慈仁之心，无微不至。即力薄仅可以米荡施者，亦约以活人之术。魏叔子有施粥担粥之法，黄慎斋有煮麦粥法，虽细琐已甚，然正以见昔人用心之周悉也。

叶梦得守许昌，值大水流殍满道，乃尽发常平仓所储者赈之，全活数万人。独遗弃小儿，无由得救。询之左右曰：“无子者何不收养？”曰：“但患岁丰年长，即来认去耳。”公即立法，凡灾伤弃儿，父母不得复认，救小儿三千八百余。刘彝知虔州，会江西饥歉，民多弃子于道。彝揭榜通衢，召人收养，日给广惠仓米二升。又推行于县镇，民利二升之给，皆为字养。黄震提举常平仓，初常平有慈幼局，为贫而弃子者设。震谓收哺于既弃之后，不若先其未弃全之。乃损益旧法，凡当娩而贫者，许里胥请于官赡之。弃者许人收养，官出粟给之。《宋志》：“孤贫小儿可教者，令入小学听读，其衣襕于常平头子钱内给造。遗弃小儿，听人乳养，仍听宫观寺院为童行。”于幼幼之道，规制周悉。黄文洁更为酌定，益详密矣。其在清世，盖有育婴堂之设，最为普遍。董芳洲《恤婴刍言》七事，其略曰：“视彼之子女，若己之子女。彼子女无父母，我子女有父母，视彼之子女，应胜己之子女。”真仁人之言也。赵钺谓：“育婴堂多建设城内，乡村广远，抱送为艰，宜各就方隅设局，许助钱米，为抚养之资，令其自养。”是为保婴会。育婴堂之外，有留婴、接婴等堂，为乡民递送婴孩。而保婴之设，则为助其自养。邹鸣鹤《序保婴会约》曰：“会约何若是弥沦周浃哉？设司捐以裕其资，设司察以防其伪。虑其寒也，加给棉衣；忧其病也，量予医药。产后母故，增其养费。路远难遍，又设分局。仁矣哉！事无不尽之事，心无不尽之心，至于此哉。”彭南畇《济溺说》曰：“溺女恶俗，切须访察，严示禁止，责令乡邻呈告。容隐者并其父分别责处。”东坡先生《与朱鄂州书》曰：“准律故杀子孙徒三年，宜召邑令以下，正告以法律。仍录条晓示，召人告官，以犯人家财给之。若客户则并责其地主。余按嘉湖富家，亦复如是。若不惩之以法，不能禁也。其贫者劝令绅士纠造育婴堂以赡之，庶几久久可行耳。余创建一会，察贫户之欲溺者急止之，月给米三斗，以三岁为止。”洪子泉《生生会小引》曰：“其法每乡或设一二局，或设三四局。

计一乡中岁得百千，当无不易。每贫户劝留一女，助钱一千文，百千可救百命。随乡设会，随地散给。其法简便，其力易行。”至若《收养幼孩厂规》二十事、《抚教局规条》十六事、《育婴堂条规》四十事，又《内育条规》七事、《育婴良法》十二事、《保婴会规条》十七事、蔡蕃宣《劝救溺女法》六事、邓锡范《救溺婴新法》九事，意美法良，以养以教，皆有程序，可举而行，不可胜纪也。

孟子曰：“老而无妻曰鳏，老而无夫曰寡，老而无子曰独，幼而无父曰孤，此四者天下之穷民而无告者也。文王发政施仁，必先施四者。”又曰：“养生丧死无憾，王道之始也。”宋以来儒者之所论，殆不出乎此也。曾燠《恤颐堂记》曰：“在昔哽噎之祝，见之《曲礼》。茕独之哀，陈于《小雅》。王者以养老为本，圣人以安老为怀。无告穷民，颓龄尤甚。积瘁之精力，役以长贫。易耗之形神，撄之沉痼。风烛之危，既迫于一瞬；饔飧之虑，复困于移朝。接目构心，谁能忍此？于是舍鲍侃之宅，大辟广场；输光学之钱，大施法食。布裘絮被，暖覆三冬。上药中医，危拯六疾。即使崦景难淹，而桐棺掩骼，麦饭常浇。厥制详矣，厥功伟矣。”《恤颐堂条规》凡三十八事，所以养年七十以外之贫而无依者。彭南园之恤嫠会有《会例》十三事，以养孀居之妇，三十以内者稍养厚，四十岁以内者次之，四十以外者又次之。有子女公姑者增之。或又有清节堂，并抚婴馆，皆设堂以居之。既以全贞，又以保赤，莫不规条详备，经画灿然。复有孀寡会、敬节堂，所以赡恤孀寡，崇敬贞操，又非徒以惠贫也。吴复初有《捐助清节堂孤儿习业成家贴费条规》，则又推锡类及乌之惠，意又广也。至栖流有局，以惠他乡之失业流民；恤丐有约，以恤穷民之流为乞丐者。至扶颠局之设，“所以容穷途流落之人，入局充工。俾欲还乡者川资裕如，欲经商者小本不匮”。亦有贷钱贷米之条，施药施棺之会，救生救火之章，何堪缕数。旧有《唐氏葬亲社约》，张杨园又增补其条，是又泽及枯骸者也。杨园跋其约曰：“养生送死，子职所供。当礼称财，人心攸尽。是以我独不卒，雅著《蓼莪》之哀。凡民有丧，风垂匍匐之训。义苟隆于报本，情自切于感兴。余溪唐子以锡类之至仁，举埋葬之正谊。期于七载，统厥四宗。伤哉贫也，文不备，宁戚有余，安则为之？遗其先，遑恤其后。”李泽刍又有永安会以助久淹未葬之丧，而收埋路毙浮尸有约，尤合诗人或殣行死之义。至苏东坡于守杭州之日，奏开西湖堙塞，首以放生为言，斯又由仁民而及于爱物。彭南畇举陈恂之事，因以惜字为说，亦由敬教而及于惜文。斯皆流波罔极，遗泽无穷。洪子泉有《勤俭社约》，更推任恤之意于未雨绸缪。陈几亭、高景逸之同善会，益明仁义之源，而包举弥尽。陈氏为之序曰：“是会也，说倡于梦泽张公，而启新钱先生行其事，筠溪陈公益从而广之。大抵随意量捐，用拯无告，因以广动其善心。高子忠宪序之详矣。愚常推之曰：人生不过求安乐耳，不为善而息息抚然，昼中怅惘，梦中扰攘，病中凄惶，人生之无福，盖未有迫于此者也。为善而息息油然，志意得宁，血气得平，魂梦得清，人生之福，未有亲于此者也。”陈氏所论义至深矣。而景逸所为规例，以“会赀自九分至九钱止，随所至多寡，约为三分。以二助贫，以一给棺。助贫以劝善为主，先于节妇孝子之穷而无告者，次及贫老病苦之人。其他一切穷民，随意施舍。至于不孝不悌，赌博健讼，酗酒无赖，及年力强壮，游手游食，以至赤贫者，皆不滥助，以乖劝善之义。访确贫老孤独及节孝奇卓者，每季给助。会期定四仲月之望，会日俱以已刻。司讲者用通俗言语，不烦文采，务使人人易晓，感动善心。”盖高子此会，重于劝善，本名同善会讲，以教兼养也。若高子《讲语》云：“生的时节，一物不曾带得来，惟有善是原带来的。死时一物不能带得去，惟有善是带得去的。”又云：“善心纯熟便是德，善心真实便是功。”若陈之《讲语》云：“不留心照管人，必至害人。不着意爱物，必至伤物。”又举中峰和尚语云：“有益于人是善。”皆是以理学家之精义，衍为训俗之浅文，固不可以为乡间之教而忽之也。观于宋明以来儒者乡间教养之意，而后知今之言新村组织者，真罪恶之渊薮也；而所谓平民教育者，亦不过为奢侈之传播耳，皆未足遍及于全部平民。至敦仁厚俗之意，益邈不相涉也。于是一切政教之说，皆违于社会之需要，乖于昔贤之旨义。夫养以厚民生，教以养民德，故曰“跻苍生于仁寿之域”。非教养有方，何以能仁寿？非仁寿兼隆，何以为治平？苟非然者，其亦率兽食人之世界而已，民亦乌以此生为也。

自 序

儒之学，修己以安人，达以善天下，穷以善一身，内圣而外王，尽之矣。汉唐之间，成盛治，树伟烈，其光照于载记者，何莫非取法于儒之所能？观于贞观之际，堂庙之吁咈，然后知孔孟之教，不为欺我之虚言。自学失其绪，矜宏洽，饰浮丽，以《诗》《书》为禽犊，其于济世淑人之间，若儒固无与焉，而世亦以儒为无益于人国也。吁，岂其然欤？惟俊杰为能师圣贤，于贞观之治验之也。《政要》一编，于两宋元明，若家诫，若庭诰，诵习不替，俨为王者师。从则治，不从则乱。此我数千载间历史之所由建立者耶？而儒岂匏瓜之不食哉？此余五论之所为作也。传曰“仲尼祖述尧舜，宪章文武”，盖推本历史之经验，撰为应物之良规。《诗》《书》六艺之文，先代之成宪也，删之定之，以诵以说。于后言之，则史也固资乎儒；于始言之，则儒也亦资乎史。世益降，史益变，而儒亦益变。儒史相资于不穷，为变不可极。百柯万叶，其蕴宏深。然水则有源，木则有本，先圣后圣，损益殊而揆则一。故曰“变易以为道”。有变易焉，有简易焉，有不易焉。此其为不居而周六虚者耶？则儒之固有其根荄也。此附论四篇之所为作，而以究其变于史也。文通幼承庭训，长从明师，时过而学未充，才识肤隘，敢云述作。惟于闻见所接，意有未安，每加论列，岁月稍久，所积遂多。许君洁夫欲为收拾零散，刊为一编，余顾茫然未知所择也。李君浚卿亟以先印《哲学思想》《政治思想》二篇为言，余遂诺之。是二篇者，倘有当于内圣外王之旨耶？未必然也。浚卿知余蕴此历有年，而终未敢发。昔寓析津，始谋属稿，亦浚卿促之。自迩以来，屡有改益，又将十载，而稿终未定。浚卿岂以余为之之未易，故欲先付之剞劂耶？所谓以不忍人之心，行不忍人之政，师门之训，忠恕之道，守之不敢逾，其大端具于是也。然事不孤起，必有其邻，因以与二篇相发者并系焉，广为五论。又以究儒史相资之故，别附四篇，以明其变。于是儒者之经济思想、社会思想，亦可考见。于学之始末，道之精粗，其统绪略可寻。入出于百氏，上下及千载，推昔人之陈说，示大法于将来。坐而论之，可起而行之，斯固师门之旨耶？爰删撮众篇旨要，以明缀辑之意，而序其目曰：

孔孟之道，三古所为训也，中国文明之准也。仁义之说，至杨墨而乱之。道家之毁仁义，则小之也；法家之毁仁义，则以迂阔而大之也。乃习其传者，复不免资焉以训德性之旨，而义益淆。阳儒而阴法者有之，阳儒而阴道者有之。祛其似，究其变，说益晚而益邃。以推孔孟之说于至精，而诐邪之辞不得作。述《儒家哲学思想之发展》第一。

文武之道，历百世而常新。文武周公之制，则因于时，宥于势，时移势迁，其应改弦而更张者亦多耶？至商、韩者出，而摧毁摈绌之殆尽，法家遂以大行于战国。法术之弊极，墨家者流又起而振其师说以救其败。近世恒言民治思想已盛于周末者，正以墨学故也，而儒又兼取之。道固不越于周孔，然典制数度之闻，则倜乎其已远也。述《儒家政治思想之发展》第二。

仁者必有勇，故儒分为八，有漆雕氏，殆儒而侠者也。《戴记·儒行》一篇，其为漆雕之儒所传乎？孙卿言："偷儒惮事，无廉耻而嗜饮食，必曰君子固不用力，是子游氏之贱儒也。"《墨子·非儒》言："倍本弃事，而安怠傲，贪于饮酒，惰于作务，陷于饥寒冻馁，富人有丧，乃大说喜，曰此衣食之端也。"今之说者，恒持此以概论于昔之儒。谗贼之口，诚何所不至，是安知儒之所谓大丈夫哉？述《漆雕之儒考》第三。

儒之术，以鉴于周秦之败，兼采道、法、墨家之说而益精。殆出于荀卿之后，而当秦汉之间，未知固谁氏为之也。《说苑》述鲍丘令之面责始皇，不稍回挠，抗辞明禅让，以试虎口，可谓壮矣。吾意令之即陆贾书之鲍丘生，桓宽书之包丘子，而迁、固所称之浮丘伯也。自伯而下，申公以论明堂为宗师，义则非荀卿书之所有而张苍、毛亨之所能言也。斯儒学之精卓于秦汉，鲍丘其作者之俦乎？述《浮丘伯传》第四。

班固书言："墨家者流，盖出于清庙之守。养三老五更，是以兼爱。选士大射，是以上贤。以孝视天下，是以上同。"其为说不恒见于墨氏之书，而经生为礼者侈言之。殆墨家之师说，而儒者取之也。清庙即明堂也，凡经师所传一王大法，悉归本于明堂。斯正儒之取墨，而以一新其说乎？世谓儒以旧社会之崩溃而衰废，斯固然也。然其复乘新社会之完成而益显，独何欤？述《墨学源流及儒墨汇合》第五。

李君浚卿以讥世卿为《公羊》义非《春秋》义。海东学者亦论《穀梁》为有取于法家。其文多，不具载。兹惟论法家自托于从殷，《公羊》家所谓改周之文，从殷之质，儒之言法殷者，取法家以为义也，讥世卿之类是也。清儒论墨家自托于从夏，文亦不具载。兹惟论儒之言法夏者，取墨家以为义也。事丰而说未竟，述《儒家法夏法殷义》不为篇，仅以附于上篇之末，都五篇为本论。

周之制为贵贱悬隔之制，前论述之晰矣。而周代商业，则已趋于越国之贸易。天子诸侯，且以关门之征为收入之重者。世族之与商贾，固调和不相妨。通商惠工，亦于春秋间为美政。其与列国之君相结托而诛世卿者，胥为起自平民之陪臣，而商贾不与焉。平民之掊世族，殆事理之必然，岂封建政治必也商业经济然后腐蚀之？此国史之迥异于欧西者也。述《周代之商业》第六。

秦之制，贫富悬隔之制也。自法家者流，抑工商，励耕战，摈世族，崇君权，说以大盛于战国。而商业与世族，遂同摈抑于亡秦。吴起在楚，废贵人，实旷虚，减百吏之禄秩，以奉选练之士。其在魏殆亦如是，岂独申商于韩秦为然哉？夫尊君卑臣，此历史之一进也。惟法家能明之，孔孟徒人不及此，而儒遂为世薄。乃论者复以尊君为儒罪，噫，此非妄者言之而谁言？述《秦之社会》第七。

百家之学，莫不主抑商而均富。儒墨又极称选天子以谋及庶人，于君权固不相容也。至晁错、董生之说用于汉，贵农贱商，限名田，宽奴婢，时君既取师儒之经济政策以为治，儒因亦让步其政治之主张，遂合力以摈商贾，而商贾中家以上大抵破。凡地主农奴之争，劳资阶级之争，胥不见于国史。于是君主之制，独行二千年，抑商遂亦为传统之政策，皆经生之说为之也。自汉始而国史入一新型。述《汉代之经济政策》第八。

汉儒每详究政治制度，其论及社会者殆寡。宋之儒于王政大端，多忽而不究。卑视汉唐，谓之俗陋，曰“在治人，不在治法”。独于乡井之间，民庶之所关，言养言教，谆谆最周悉。诚所谓禹稷饥溺之怀欤？夫养之而不教，斯鹿豕畜之矣。仰事俯畜而不足，民又安以生为？曰“登苍生于仁寿之域”者，非教养兼至，将何以臻于仁寿哉？述《宋明之社会设计》第九。都四篇为广论，以续附于后。

究于学必有本末，有体用，形上之谓道，形下之谓器。道与器非相离，故义理与事功不偏废。何自蔽者断断以争，而不惜辞之费也？方余之订辑是编，严君立三适来蓉，昕夕论相接，启诱良多，浩乎使懦夫有立志。严君每谓：“际此事变之亟，深宜多集友朋，究明此学，以延坠绝于一缕。宋之儒研几于天人，内圣之学，则既明之矣；而外王之道，致用之事，则必于汉世今文家求之。所冀阐扬井研之绪，诏告于后之人，以待其用于百年之间。”严氏思艰而行卓，居庐峰读书十数年，深究于今文之统绪。其识博，其业精，无逊于宿学也。其志切，其用宏，宿学者为难能也。以文通之肤陋，而曰以诏来世，夫何足以堪之；曰存师门之绪，则责有未敢辞。惟未知区区此编者，果有当于严氏之意否耶？校印未竟，惜畏友忽焉云殁，未得勘研往复，以匡其所不逮。而余忽忽亦年五十，平日所欲论述，以牵于人事多未竟。岁月既迈，兼值祸变之日殷，杀青将何时？又以叹通经致用之谓何，而余之无助于时艰固如此，宁不使人怆然以悲，瞿然以惧耶？顷者胡君鉴民谓余曰：“今国家方崇儒学，复谋励进于民治，儒以尊君为义，其于民治事或相妨，则何如？”余举《儒家政治思想》之略以告，胡君莞尔而颔之。念世之同胡君之疑者，谅非鲜矣，察于此篇之义，其可以释然欤？则此区区者，固非无涓滴之用。是知野人芹献，宁得已焉？复于究心国学之士，略示以取舍之途，或庶乎亦严氏之意也。抑又言之，今世西方之言民治者，颇厌弃先时之偏于自由，而思以平等代之；厌其偏于商业，而思以工业代之。将使政治民主之国，日趋于经济之民主，亦跂盼经济平等之国，日近于民权。乃独誉中国之文化，为社会民治之文化，已造于极峰，是人将步趋以跂于我而未能。乃肤闻之士，惟察其表，而不思其本。徒曰专制，曰立宪，曰君主，曰民治云者，宥于政治之逻辑，以陷于浅末不自警。是编所论，于此固未敢忽也。夫今世之国家，其政权操于资本家者有之，操于无产者有之，曰独裁，是强凌弱也；曰民治，亦众暴寡也。又从而美之，名曰服从多数。夫多数者固当于事理之中耶？未可知也。使所论而非当，虽万夫宜折于一人。千人之诺诺，岂如一士之谔谔？乃不审诸是非之公，而决之多寡之权，以定一国之是。其遂于事也，固曰孰为我利，孰为我权，未可让。即于父子家人之间，财利之界明，曾不稍假。兄弟之不均，犹视为固然，又况于路之人哉？此亦资产之所由集中，而其义则非我先哲之所知也。此贾生之所由致痛于亡秦者也。于是以己之所不欲，横施诸人而弗恤，惟力是崇。其是乎？其公乎？弗之顾，悍然劫夺，人不为耻。今者或鉴于民治而资本之为弊，则谋普通选举、比例选举以易之。然其惟己私之护，未适于是非之公，则未始有异，是得为知拔本塞源之义乎？噫！此欧洲文化，直商业民族之产物，而贱丈夫之所为。若中国二千余年之事则不然。忠恕以为教，睿哲以为师，考选贤达以共治。察其令望，校其智能，而任之职。此西方学者称我之历史为智识之选举，为超阶级之政权，而方效其考铨之制者也。己饥己溺之政，胥于此乎立。其在汉唐宋明之间，亦或任子而荫禄，或纳赀以入官，而事则微。以视贵族政治、资本政治，则何如？苟不达于忠恕之本、服善择是之义，徒鉴其弊，因思以革其制，终不知所以易之之有其本，惟琐琐于百步五十步之争。乃欲以祈和平于永久，是宁非缘木求鱼之类耶？惟中国为能服善而从是，故其历史有哲学无宗教。哲学者，理智之公是也；而宗教者，情感之偏见也。居今日欲舍从是之学，而屈于任情之教，非愚者其孰为之？当战国之世，百家相竞鸣无轩轾，而孔氏终以独尊，非其最得生人之理，人亦服其是，而以崇于百氏哉？今西方厌弃清教徒之所谓道德，则谋别创新道德以代之，独誉孔子之学，为最合于人类道德之想象，而希腊人本主义次之。其阐明快乐计算法以为新道德之基础，则与孟子舍鱼而取熊掌之义若合符，此性善论之本也，亦人之方思跂及于我，而服善为教之效也。世界和平之术，舍此将焉求之？此编于孟氏本心之论，固反复以推明之也。则儒者内圣外王之学，匪独可行于今日之中国，以西方学术之趋势衡之，直可推之于全人类而以创造其将来。则周秦之间，儒之为儒，深义宏规，通乎百世而达乎万方。所谓“千百世之下有圣人出焉，此心同、此理同；东海西海有圣人出焉，此心同、此理同”，不其然乎？所谓以不忍人之心，行不忍人之政，忠恕之道，固将推之四海而皆准。斯则明先哲之绪，以拯万方之饥溺，固儒者之所有事，而今其时也。世界方此二十年间，大战者再，膏血溅原野而不足，又驱其人于海空而屠之，非帝国主义、资本主义，不仁不恕之为患而谁为！失今不图，祸于胡底？中国于汉唐之隆，亦尝有事于他族，及其释兵款塞，则玉帛以绥之，饥寒而恤之，反以为中国费，固未尝劫夺于人以自厚。此则我文化之明效大验，而中国所以为最和平之民族也。以其一基于是非之公，而非本之人己权利之私也。惟斯义也，体用既极于宏深，余弗究言之，恐人将终不言。又猥曰儒生也，何足以与天下事，则与焉者，将尽悖于儒者也。于是政非政，教非教，刑非刑（如今之刑法，最为悖乱）。人既未即于善，我方匍匐以趋之，而天下之溺将益甚，可不惧哉？是则此编所愿拥篲先驱，以俟乎方来之彦者也。述《自序》第十。

附录

《月令》之渊原与其意义

蒙季甫

《月令》一书，先儒聚讼。蔡伯喈撰《明堂月令论》，谓："因天时，制人事，天子发号施令，祀神受职，每月异礼，故谓之《月令》。所以顺阴阳，奉四时，效气物，行王政也。成法具备，各从时月，藏之明堂，所以示承祖考神明，明不敢泄黩之义。《夏小正》，夏之月令也，殷人无文，及周而备，宜周公之所著也。秦相吕不韦著书，取《月令》为纪号，淮南王亦取以为第四篇，改名曰《时则》。故偏见之徒，或云《月令》吕不韦作，或曰淮南，皆非也。"此尊《月令》以为周公之书者也。郑玄《三礼目录》云："《月令》者，以其记十二月政之所行也，本《吕氏春秋》十二月纪之首章也，以礼家好事抄合之，后人因题之名曰《礼记》，言周公所作。其中官名时事不合周法，此于《别录》属《明堂阴阳记》。"此抑《月令》以为吕不韦作者也。孔颖达《正义》申郑义云："按，吕不韦集诸儒士，著为十二月纪，合十余万言，名为《吕氏春秋》，篇首皆有《月令》，与此文同，是一证也。又，周无太尉，惟秦官有太尉，而此《月令》云乃命太尉，此是官名不合周法二证也。又，秦以十月建亥为岁首，而《月令》云为来岁受朔日，即是九月为岁终，十月为授朔，此是时不合周法三证也。又，周有六冕，郊天迎气则用大裘，乘玉辂，建大常日月之章，而《月令》服饰车旗并依时色，此是事不合周法四证也。”孔氏后又自驳其说曰：“然按秦始皇十二年，吕不韦死。二十六年，并天下，然后以十月为岁首，岁首用十月时，吕不韦已死十五年，而不韦不得以十月为正。”又云：“《周书》先有《月令》，何得云不韦所造？又，秦并天下立郡，何得云诸侯？又，秦以好兵杀害，毒被天下，何能布德施惠，春不兴兵？”是孔氏虽申郑义，而终不敢自坚其说，故两疑之也。今考《月令》一书，来原实古，而糅合三种以上之书而成今之《月令》，则当在周秦之际，明堂政治思想盛行之时，虽非出自不韦之手，亦当其时儒者发舒其政治思想之书也。兹分述之于下：

一 《月令》之渊原

古者必有以星象纪课候之书，故《诗·鄘风》云：“定之方中，作于楚宫。”笺云：“定星昏中而正，于是可以营制宫室，故谓之营室。”《豳风》云：“七月流火，九月授衣。”传云：“九月霜始降，妇功成，可以授冬衣矣。”桓五年《左氏传》曰：

"龙见而雩。"又，庄二十九年《左氏传》曰："凡土功龙见而毕务，戒事也；火见而致用，水昏正而栽，日至而毕。"又，昭四年《左氏传》申丰曰："古者日在北陆而藏冰，西陆朝觌而出之，火出而毕赋。"昭十七年有星孛于大辰，《公羊传》："大火为大辰，伐为大辰。"何注云："大火与伐，天所以示民时早晚，天下所取正，故谓之大辰。辰时也。"《国语·周语》虢文公曰："农祥晨正，日月底于天庙，土乃脉发。单子曰：夫辰角见而雨毕，天根见而水涸，本见而草木节解，驷见而陨霜，火见而清风戒寒。故先王之教曰：雨毕而除道，水涸而成梁，草木节解而备藏，陨霜而冬裘具，清风至而修城郭宫室。故《夏令》曰：九月除道，十月成梁。其《时儆》曰：收而场功，䇲而畚挶，营室之中，土功其始，火之初见，期于司里。"凡此皆因天时制人事者也。其曰先王之教，曰《夏令》，曰《时儆》，则必为以星象纪课候之书也。其书今已不传，莫见其制，惟《大戴礼·夏小正》一篇，可略见其仿佛。

按，《夏小正》一书，朱紫阳疑为迂儒之笔，非孔子所见夏时本文。戴震《书补传》云："《尧典》日中，宵中，日永，日短，此终古不变者也。星鸟，星火，星虚，星昴，此列宿之举目可见，千百年乃觉其大差，随时为书以示民者也。二者相为经纬。唐虞时孟春日在奎，仲春在胃，季春在参。《夏小正》三月参则伏，以日所躔故伏而不见也。稽诸古籍，惟《夏小正》与《尧典》多合，其时未甚相远，至周则恒星东移已及一次，春分日躔降娄，《月令》仲春日在奎，昏弧中，周末然也。今则又移一次矣。据宇《尧典》星象为首，二万五千四百余年乃复此象。《夏小正》四月初昏南门正，南门两大星横亢下，寿星次也，南门正则寿星正值午位矣；五月初昏大火中，大火心也，夏至日躔鹑火，故房心昏中，《尧典》《夏小正》其象合。至周夏至日躔鹑首，周初日在柳，《月令》仲夏日在东井，昏亢中，周末然也。《豳风》七月流火，则固六月昏火中矣。《月令》言于季夏，与《诗》合。《夏小正》八月辰则伏，九月辰系于日，心为大辰，秋分以后日所躔之宿也，与《尧典》合。至周秋分日躔寿星，周初日在亢氐，《月令》仲秋日在角，昏牵牛中，周末然也。《春秋》正十月织女正北向，则旦织女恒向降娄，降娄值子，星纪必值卯，日所在之次也。十一月则日在玄枵，《春秋传》玄枵虚中也，唐虞时冬至日盖在虚五六度，至周冬至日躔星纪，周初日在牵牛，《月令》仲冬在斗，昏东壁中，周末然也。”凡《夏小正》所纪星象，皆同《尧典》，以虞夏时相近也。与《月令》皆不合，以夏周相去时远也。《吕氏春秋·古乐》云：“黄帝又命伶伦与荣将铸十二钟，以和五音，以施英韶，以仲春之月乙卯之日，日在奎，始奏之，命之曰《咸池》。”夫尧之时仲春日在胃昴，不应黄帝时反在奎，此以秦时之天象，而说上古之天象之误也。凡汉魏儒者见《月令》中星不同《尧典》，皆曲为之说，云"《尧典》谓七星毕见，星、房、虚、昴居四方七宿之中，故曰中星"者，二孔与王孝通也。云"中星为季月"者，王子雍也。云"《月令》举月初，《尧典》总举一月"者，郑康成也。可见秦汉时人，皆不知有岁差也。《元史·天文志》云："天之分常有余，岁之分常不足，其数有不能齐者。惟其所差至微，前人初未觉知。迨汉末刘洪，始觉冬至后天，谓岁周余分太强，乃作乾象历，减岁余分二千五百为二千四百六十二。至晋虞喜、何承天、祖冲之始谓岁当有差，因立岁差之法。其法损岁余益天周，使岁余浸弱，天周浸强，强弱相减，因得日躔岁退之差。"是岁差之法，创自晋宋间，非秦汉迂儒所能及知。则《尧典》《夏小正》决非秦汉迂儒所能伪作，盖如伪作，自亦当如《吕氏春秋》以秦之天象说上古也。故大衍术谓《夏小正》为羲和遗迹，诚不为诬。而朱子疑之谬矣。

凡《夏小正》十二月所记，除星象外，则为应时之农事。如正月有农纬厥来，农率均田，农及雪泽，初服于公田。二月则往耰黍禅，荣堇，采繁，时有见稊始收。三月则摄桑，采识，妾子始蚕，祈麦实。四月则采荼。五月则乃瓜，启灌蓝蓼，煮梅，菽糜。六月则煮桃。七月则灌荼。八月则剥瓜，剥枣，栗零。十二月则卵蒜，是也。亦兼及王事，如九月王始裘、十一月王狩是也。亦及官事，二月绥多士女，丁亥万用入学，二月颁冰，八月鹿人从，九月主夫出火，十一月啬人不从，十二月虞人入梁，是也。而大体以农事为主。其他则纪自然界所表见之时候，如雁飞、雉雊、鞠荣、桃华之类，绝无一句及于阴阳五行之方色气臭，及天子诸侯之祭祀狩猎者，盖《小正》乃古历官授时之书，固不及于此也。今以《小正》所记按之《月令》，虽不尽合，而大体则悉备于《月令》之中。是《月令》有取古以星象纪课候之书，如《夏小正》之类也。《逸周书·时训》专以自然界所表见之时候纪二十四气，亦散见《月令》之中。（按，二十四气之目，不具见于古书，即《月令》亦尚未具见，而《时训》具之。又，《周月解》云："仲冬昏昴毕见。"所言星象与《尧典》合，盖可疑也。大约《时训》成书必不甚早。）只具时候，不旁及五行阴阳、明堂政事，犹不失古课候之面目也。

《白虎通·五行篇》以金水木火土配四时五方，以十二律配十二月，有五色、五音、五帝、五神、五味、五臭之属，兹具表于下。

春	东方	正月	少阳见于寅　律中太簇　其日甲乙，其色青，其音角，其帝太皞，其神句芒，其精青龙，其味酸，其臭膻。
		二月	壮于卯　律中夹钟
		三月	衰于辰　律中姑洗

夏	南方	四月	太阳见于巳　律中仲吕　其日丙丁，其色赤，其音征，其帝炎帝，其神祝融，其精为鸟，其味苦，其臭焦。
		五月	壮于午　律中蕤宾
		六月	衰于未　律中林钟
秋	西方	七月	少阴见于申　律中夷则　其日庚辛，其色白，其音商，其帝少皞，其神蓐收，其精白虎，其味辛，其臭腥。
		八月	壮于酉　律中南吕
		九月	衰于戌　律中无射
冬	北方	十月	太阴见于亥　律中应钟　其日壬癸，其音羽，其帝颛顼，其神玄冥，其精玄武，其味咸，其臭朽。（按，此当有其色黑之文。）
		十一月	壮于子　律中黄钟
		十二月	衰于丑　律中大吕
土为中宫			其日戊己，其音宫，其帝黄帝，其神后土，其味甘，其臭香。（按，此亦当有其色黄之文。）

按，此惟纪方、色、臭、味、声音、精神，而不及时候政事，此阴阳五行之说也。因阴阳之大顺，亦古人之大事也。《月令》取以分系于十二月之首，每一时凡三见，知

《月令》此类之文，则取之于阴阳五行者也。

《春秋繁露·治水五行篇》纪四时之政令，兹表之于下。

日冬至七十二日木用事，其气燥浊而清

行柔惠　挺群禁

至于立春出轻系　去稽留　除桎梏　开闭阖

通障塞　存幼孤　矜寡独　无伐木

七十二日火用事，其气惨阳而赤

正封疆　循田畴

至于立夏举贤良　封有德　赏有功　出使四方

无纵火

七十二日土用事，其气温浊而黄

养长老　存幼孤　矜寡独　赐孝悌　施恩泽

无兴土功

七十二日金用事，其气惨淡而白

修城郭　缮墙垣　审群禁　饬甲兵　警百官

诛不法　存长老　无焚金石

七十二日水用事，其气清寒而黑

闭门闾　大搜索　断刑罚　执当罪　饬关梁

禁外徙　无决池堤

又，《五行顺逆篇》亦与此大同，则具体而未备，兹亦表之于下。

木者春生之性，农之本也。

劝农事，无夺民时，使民之力，岁不过三日。行什一之税，进经术之士，挺群禁，出轻系，去稽留，除桎梏，通障塞，开门（当作闭）阖。

如人君出入不时，走狗试马驰骋，不反宫室，好淫乐饮酒，沉湎纵恣，不顾政治事，多发役以夺民时，作谋增税以夺民财，民病疥搔，温体，足胻痛。

《续汉书·五行志》注引《尚书大传·洪范传》云："田猎不宿，饮食不享。出入不节，夺民农时。及有奸谋，则木不曲直。"《汉书·五行志》曰："若乃田猎驰骋，不反宫室；饮食沉湎，不顾法度；妄兴繇役，以夺民时；作为奸谋，以伤民财，则木失其性矣。"皆与此同。

火者夏成长本朝也。

举贤良，进茂材，官得其能，任得其力，赏有功，封有德，出货贿，振困乏，正封疆。

如人君惑于谗邪，内离骨肉，外疏忠臣，至杀世子，诛杀不辜，逐忠臣，以妾为妻，弃法令，妇妾为政，赐予不当，则民病血壅肿，目不明。

《续汉书·五行志》注引《尚书大传·洪范传》云："弃法律，逐功臣，杀太子，以妾为妻，则火不炎上。"《汉书·五行志》曰："若乃信道不笃，或耀虚伪，谗大昌，邪胜正，则火失其性矣。"皆与此同。

土者夏中成熟百谷君之官。

循宫室之制，谨夫妇之别，加亲戚之恩。

如人君好淫泆，妻妾过度，犯亲戚，侮父兄，欺罔百姓，大为台榭，五色成光，雕文刻镂，则民病心腹宛黄，舌烂痛。

《续汉书·五行志》注引《尚书大传·洪范传》曰："治宫室，饰台榭，内淫乱，犯亲戚，侮父兄，则稼穑不成。"《汉书·五行志》曰："若乃奢淫骄慢，则土失其性。"皆与此同。

金者秋杀气之始也。

建立旗鼓，杖把旄钺，以诛贼残，禁暴虐，安集（脱二字），故动众兴师，必应义理，出则祠兵，入则振旅，以闲习之，因于搜狩，存不忘亡，安不忘危，修城郭，缮墙垣，审群禁，饬甲兵，警百官，诛不法。

如人君好战，侵陵诸侯，贪城邑之赂，轻百姓之命，则民病喉咳嗽，筋挛鼻鼽塞。

《续汉书·五行志》注引《尚书大传·洪范传》曰："好攻战，轻百姓，饬城郭，侵边境，则金不从革。"《汉书·五行志》曰："若乃贪欲恣睢，务立威胜，不重民命，则金失其性。"皆与此同。

水者冬藏至阴也。

宗庙祭祀之始，敬四时之祭，禘祫昭穆之序，天子祭天，诸侯祭土，闭门闾，大搜索，断刑罚，执当罪，饬关梁，禁外徙。

如人君简宗庙，不祷祀，废祭祀，执法不顺，逆天时，则民病流肿，水张痿痹，孔窍不通。

《续汉书·五行志》注引《尚书大传·洪范传》云："简宗庙，不祷祠，废祭祀，逆天时，则水不润下。"《汉书·五行志》云："若乃不敬鬼神，致令逆时，则水失其性。"皆与此同。

据上列二篇，《五行顺逆篇》之令，大体悉具于《治水五行篇》中。惟《治水五行篇》不言禁耳，可推知其为一本之论。凡《五行顺逆篇》所具每时之禁，悉与《洪范传》同，可知此二篇本之《洪范》五行者也。今以《治水五行篇》为主，按之《月令》，十得其九。虽所系时月不尽合，而大体同也。如此春令之行柔惠，即《月令》孟春之月行庆施惠，下及兆民是也。此之挺群禁，挺缓也宽也，《月令》仲夏之月挺重囚，益其食，此以群言，彼以重言也。此出轻系在春，《月令》在孟夏。此除桎梏，《月令》在仲春，作去桎梏。此开闭阖，《月令》在仲夏，作门闾无闭。此通障塞，《月令》在季春，作修利堤防，导达沟渎，开通道路，无有障塞。此存幼孤，《月令》在仲春，作养幼少，存诸孤。此矜寡独，《月令》在孟冬，作恤孤寡。此无伐木，《月令》在孟春有禁止伐木，在孟夏有无伐大树。凡此春令，在《月令》惟去稽留一令未见耳。又，如此夏令之正封疆、循田畴，《月令》在孟春，作修封疆，审端径术。此举贤良，《月令》在孟夏，作赞俊杰，遂贤良，举长大。此封有德，赏有功，《月令》在孟夏，行爵出禄，必当其位。此出使四方，《月令》在季春，作周天下勉诸侯。按，勉诸侯《淮南子·时则训》作使诸侯是也。此无纵火，《月令》仲夏，无用火南方。凡此夏令七，皆在《月令》之中。又，此季夏令养长老，《月令》在仲秋养衰老。《淮南子·时则训》在季夏有存视长老一条，《淮南》本《吕氏春秋》而作，《吕氏春秋》与《月令》同，应据《淮南》以补《月令》(下更有显确之证)。又，此下更有存幼孤、矜寡独，已见春令，必有一为重复，不然则春秋皆行此令也。亦犹《月令》仲春有养幼少、存诸孤，而孟冬又有恤孤寡也。又，此无兴土功，《月令》孟夏有无起土功，季夏亦有不可以兴土功。凡此季夏六令，在《月令》中惟赐孝弟、施恩泽二令不可考耳。又，此秋令修城郭、缮墙垣，《月令》孟秋作附墙垣、补城郭。此审群禁，《月令》仲秋有申严百刑。又，孟春有命有司修法制、缮囹圄、具桎梏、禁止奸、慎罪邪、务搏执，命理瞻伤察创、视折审断、决狱讼、戮有罪、严断刑，皆审群禁之意也。一合言之，一分言之耳。此饬甲兵、诛不法，《月令》孟秋命将帅选士厉兵，以征不义，诘诛暴慢。此存长老，《月令》在仲秋作养衰老，《淮南子》在季夏作存视长老。凡秋八令，在《月令》惟警百官与无焚金石二令不可考而已。又，此冬令闭门闾、大搜索、禁外徙三令,《月令》皆不见。惟《淮南子·时则训》孟冬之月有命有司修群禁(此即《治水五行》之审群禁)、禁外徙(此即《治水五行》之禁外徙,《五行顺逆》亦作禁外徙)、闭门关、大搜客(即《治水五行》之大搜索,客即索字之误)、断罚刑、杀当罪、阿上乱法者诛一段,今《月令》与《吕纪》皆只有察阿上乱法者罪之一句,必有脱佚,宜以《淮南子》补足之。又,此断刑罚、执当罪二令,见上《淮南子》。又,《月令》季秋乃趣狱刑、无留有罪,亦即此意。又,此无决池堤,《月令》仲春无竭川泽、无漉陂池,或即此意。此冬令七,皆具见于《月令》。然则《月令》又有取于《洪范》五行者也。

以上诸书,或纪星象时候,或言阴阳五行,或本《洪范》言天地大法,皆具《月令》一篇之中。惟此诸书,皆不言明堂,而《月令》每月有王居某某云者,惟《尚书大传》有之,疑此同出自《王居明堂礼》。《佚礼》有《王居明堂礼》,见《月令》及《礼器》注。《六艺流别》引《尚书大传》自东方之极云云,至君子说小人乐一节,陈寿祺辑校谓:"其文颇不类伏书,又时与伏书相复,他书亦无称引者。惟《皇览》称《逸礼》与此大同,皆可疑也。"皮锡瑞《疏证》云:"《淮南·时则训》、郑注《月令》引《王居明堂礼》,皆与传文若合符节。盖同据古礼为说也。"案,《月令》郑注季春之月,引《王居明堂礼》云:"季春出疫于郊,以禳春气。"《尚书大传》云:"季春之月,九门磔禳,出疫于郊,以禳春气。"又,仲秋之月引《王居明堂礼》云："仲秋命庶民毕入于室，曰时杀将至，毋罹其灾。"《尚书大传》："仲秋之月乃令民畋醵，庶甿毕入于室，曰时杀将至，毋罹其菑。"又，季秋之月引《王居明堂礼》云："季秋除道致梁，以利农也。"《尚书大传》："季秋之月除道成梁，以利农夫。"又，孟冬之月引《王居明堂礼》云："季冬之月命农夫毕积聚，系收牛马。"《尚书大传》："季冬之月毕积聚，系牛马，收泽赋。"又，季冬之月引《王居明堂礼》云："季冬命国为酒以合三族，君子说，小人乐。"《尚书大传》："季冬之月命国为酒以合三族，君子说，小人乐。"凡以所举，不惟事同，且词又同，故皮氏云若合符节也。然亦有出《大传》之外而事又不甚合者，如孟春出十五里迎岁，中春带以弓韣，礼之禖下，其子必得天材，孟秋九门磔禳以发陈气，御止疾疫是也。故皮云："盖同据古礼为说也。"按，古人用书不必全同，各有取舍，《尚书大传》之取《王居明堂礼》，盖无可疑，今据《尚书大传》以想象古之《王居明堂礼》，盖必如《月令》之某月天子居某云云以下也。其成书或比《月令》少前，故其书不如《月令》之详备。今即以《尚书大传》为主，而考其每月之令禁，孟春之朔令曰挺群禁、开闭阖、达障塞、禁无伐林木，《治水五行篇》皆有之。季春之朔令曰抚四方，《治水五行》作出使四方。行柔惠，《治水五行》亦有之。孟夏之朔令曰爵有德、赏有功、惠贤良，《治水五行篇》有之。仲夏之朔令曰惠孤寡，《治水五行》作存幼孤、矜寡独。出大禄、行大赏，或即《治水五行》之施恩泽。季秋之朔令曰陈兵甲、戒百官、诛不法，《治水五行》作饬甲兵、警百官。孟冬之朔令曰申群禁，《治水五行》作审群禁。仲冬之搜外徒，《治水五行》作禁外徒。而其每时之禁，更与《续汉书·五行志》注所引同，此陈寿祺所谓重复者，悉在《五行顺逆篇》中，已见前表，然则《王居明堂》或亦有本之《洪范》五行者欤？兹更表列之而征之于《月令》。

《尚书大传》：孟春之月

朔令　挺群禁　《月令》：仲春之月，命有司省囹圄，去桎梏，无肆掠，止狱讼。

开闭阖，通穷窒　《月令》：季春之月，聘名士，礼贤者。

达障塞　《月令》：季春之月，开通道路，无有障塞。

待优游

禁　无伐林木　《月令》：孟春之月，禁止伐木。

《尚书大传》：仲春之月

朔令　弃怒恶，解役罪，免优患，休罚刑，闭关梁

禁　田猎不宿，饮食不享，出入不节，夺民农时

《月令》：仲春之月，无作大事，以妨农事。

《尚书大传》：季春之月

朔令　宣库财，和外怨，抚四方，行柔惠　《月令》：季

春之月，天子布德行惠，有司发仓窌，赐贫穷，振乏绝，开府库，出币帛，周天下，勉诸侯，即此上四令之意也。

止刚强，九门磔禳，出疫于郊，以禳春气 《月令》：季春之月，国人傩，九门磔禳，以毕春气。

《尚书大传》：孟夏之月

朔令 爵有德，赏有功，惠贤良 《月令》：孟夏之月，赞俊杰，遂贤良，举长大，行爵出禄，必当其位。又行赏，封诸侯，庆赐，是以上三令之意也。

举力农 《月令》：孟夏之月，命野虞出行田原，劳农劝民，无或失时。

禁 无壅防 《月令》：孟夏之月，无有坏壅。

《尚书大传》：仲夏之月

朔令 振贫穷 《月令》：季春之月，赐贫穷。

惠孤寡 《月令》在孟冬，《淮南子·时则训》仲夏有存鳏寡、振死事令。

虑休疾，出大禄，行大赏 《月令》：孟夏之月，行赏，封诸侯，即大禄大赏也。

禁 弃法律，逐功臣，杀太子，以妾为妻 按，以上四禁乃国家之大防，非时警也，故《月令》不具。

乃令民雩　《月令》：仲夏之月，乃命百县雩，祭百辟卿士。

《尚书大传》：季夏之月

朔令　起毁宗，立无后，封废国，立贤辅，恤丧疾　此月五令《月令》皆无之，惟《淮南·时则训》有行惠令、吊死问疾、存视长老，即此恤丧疾意也。

《尚书大传》：中央之极，土王之日

为民祈福　《月令》：季夏之月，命四监大夫养牺牲，命民咸出其力，以供皇天上帝、山名大川、四方之神，以祀宗庙社稷之灵，为民祈福。

命世妇治服章　《月令》：季夏之月，命妇官染采。

令民□虐

禁　治宫室，饰台榭　《月令》：季夏之月，不可以兴土功，即上二禁之意也。

内淫乱，犯亲戚，侮父兄　按，以上三禁亦国之大防也。

《尚书大传》：孟秋之月

朔令　审用法　《月令》：孟秋之月，命理，审断。《淮南·时则训》有审决狱、平词讼。

备盗贼　《月令》：孟秋之月，附墙垣，补城郭，即此意也。

禁奸邪 《月令》:孟秋之月,禁止奸,慎罪邪。

饬群牧 《月令》:孟秋之月,专任有功,以征不义,诘诛暴慢,以明好恶,巡彼远方。

谨贮聚 《月令》:仲秋之月,多积聚。

禁 无弛戒备 《月令》:季秋之月,天子教于田猎以习五戎。

《尚书大传》:仲秋之月

朔令 谨功筑 《月令》:孟秋之月,修宫室。

遏沟渎 《月令》:孟秋之月,完堤防,谨壅塞。

修囷仓 《月令》:仲秋之月,穿窦窌,修囷仓。

决刑狱 《月令》:孟秋之月,决狱讼,戮有罪,严断刑。

趣收敛 《月令》:仲秋之月,命有司趣民收敛。

禁 好攻战,轻百姓,饰城郭,侵边境。

乃令民畋醵,庶虻毕入于室,曰:时杀将至,毋罹其灾。

《尚书大传》:季秋之月

朔令 除道路 《月令》:季春之月,开通道路,毋有障塞。《淮南子·时则训》:季秋之月,通路除道,从境始至国而后已。季春之月亦有。或一岁季春、季秋两除道。《月令》脱此文，当依《淮南子》增。

守门闾　《月令》：孟冬之月，戒门闾，修楗闭，慎关籥。

陈兵甲，戒百官，诛不法　《月令》：孟秋之月，天子命将帅选士厉兵，以征不义，即此“陈兵甲、诛不法”意也。

除道成梁以利农夫　见上“除道路”。

《尚书大传》：孟冬之月

朔令　申群禁　《月令》本月无此令，《淮南·时则训》有之，作修群禁。

修障塞　《月令》：孟冬之月，完要塞。

毕积聚　《月令》：孟冬之月，命司徒循行积聚，无有不敛。

系牛马　《月令》：仲冬之月，农有不收藏积聚者，马牛畜兽有放佚者，取之不诘。

收泽赋　《月令》：孟冬之月，命水虞渔师收水泉池泽之赋。

禁　无作淫巧　《月令》：孟冬之月，工师效功，陈祭器，按度程，无或作为淫巧以荡上心。

《尚书大传》：仲冬之月

朔令　搜外徒　《月令》无此令。此外徒即外徙。《淮南子》孟冬之月有禁外徙，或即此令。

止夜乐，诛诈伪　《月令》无此令。《淮南子》

仲冬之月有诛淫佚诈伪之人。

省酝酿

禁 简宗庙,不祷祠,废祭祀,逆天时 以上四禁亦国之大防也。

令民罢土功 《月令》:仲冬之月,命有司曰土事无作。

《尚书大传》:季冬之月

朔令 省牲牷 《月令》:仲秋之月,命宰祝巡行牺牲,视全具。按刍豢,瞻肥瘠,察物色,必比类,量小大,视长短,皆中度。

修农器 《月令》:季冬之月,命农计耦耕事,修耒耜,具田器。

收秸薪 《月令》:季冬之月,命四监收秩薪柴。

筑囹圄 《月令》:仲冬之月,筑囹圄。

谨盖藏 《月令》:仲冬之月,无发盖藏。

乃大傩以禳疾 《月令》:季冬之月,命有司大傩,旁磔出土牛。

命国为酒以合三族,君子说,小人乐 《月令》:孟冬之月,大饮蒸,……劳农以休息之,或即此意也。

观上表凡《尚书大传》之令禁,其不见于《月令》者盖甚少,或《月令》文有脱佚,如以《淮南子·时则训》相较即可知。又或名实瞢乱，不易推寻；或彼分此合，检校不易；或名目含浑，不得其义。如孟春之待优游，仲春之免优患是也。而大体则备于《月令》之中，是《月令》之有取于《王居明堂礼》者也。

二 《月令》之意义

古有告朔之礼，《周礼》太史颁告朔于邦国，郑玄云："天子颁朔于诸侯，诸侯藏之祖庙，至朔朝于庙，告而受行之。"近人卫聚贤氏以为告朔即颁历是也。疑古所颁告朔，即《夏小正》之类，故《周官》太史正岁年以序事，颁之于官府及都鄙。郑注云"中数曰岁，朔数曰年，中朔大小不齐，正之以闰，若今时作历日以定四时，以次叙授民时之事"是也，其后儒家之明堂思想勃兴，凡国之大政，则合议之于明堂。其国之常政，则制成宪章，亦藏之明堂，仿告朔之礼，天子每按成法而奉行之。于是天子乃可无为而治。惟此宪章之写成，不能不有所因，故除《夏小正》之外，旁及阴阳五行，及《洪范·九畴》天地之大法，皆古奉天道之政治思想也。而各家所写，想非一本，故有《王居明堂》《明堂阴阳》《明堂月令》，等等非一，而《月令》为尤备。故蔡邕之赞《月令》，以为"因天时，制人事，天子发号施令，祀神受职，所以顺阴阳，奉四时，效气物，行王政，君人者昭而明之，稽而用之，耳无逆听，令无逆政，所以臻乎大顺，阴阳和，年谷丰，太平洽，符瑞由此而至矣"。而杜预之赞告朔，以为“人君者设官分职，以为民极，远细事以全委任之责，纵诸下以尽知力之用，总成败以效能否，执八柄以明诛赏，故自非机事，皆委任焉。诚信足以相感，事实尽而不拥，故受位居职者，思效忠善，日夜自尽，而无所顾忌也。天下之细事无数，一日二日万端，人君之明，有所不照，人君之力，有所不堪，则不得不借问近习，有时而用之，如此则六乡六遂之长，虽躬履此事，躬造此官，当皆移听于内官，向心于左右，政之粃乱，常必由此。圣人知其不可，故简其节，敬其事，因月朔朝庙，迁坐正位，会群吏而听大政，考其所行，而决其烦疑，非徒议将然也，乃所以考已然，又恶其审听之乱公也，故显众以断之，是以上下交泰，官人以理，万民以察，天下以治也”。按，蔡、杜之论，皆与太史所掌为不同，而别具一种政治精神，盖当其时告朔之礼，其废已久，元凯所见，皆已糅合明堂思想之告朔制度，故所论实明堂政治思想之大体也。

今推原《月令》之成书及与明堂思想糅合之痕迹（参看拙著《儒家政治思想之变迁》），以明《月令》为儒家明堂思想之宪章，则《月令》当别为一书（刘向《别录》属《明堂阴阳》），吕不韦分之以作《十二纪》，刘安取之以作《时则训》，小戴采之以入《礼记》，皆非自撰者也。郑玄不察，以为吕不韦所作固谬，即蔡邕尊之以为周公所作，亦未得其实也。

摘录《儒家政治思想之变迁》论明堂说之来源与意义：

明堂有议事之制，凡朝觐诸侯，行爵赏，选贤良，命将帅，议征取，靡不于明堂。公卿、诸侯、大夫在焉，国之俊选在焉，集天下之众智，通上下之隐讳，求其根核，实乃合明堂、辟雍、太庙、路寝而为一，而参之以《月令》。《月令》乃听朔之义，路寝立朝之所，太庙觐诸侯之地，辟雍以养老教学，行军出征，有受成之义，明堂大朝之宫，皆大典之所存，合而纳诸明堂，故俨然最高之政府焉。其制盖以削君主专制之权，而移其无上之声威于政府也，请详说之。古之明堂以朝诸侯，故泰山之下，有古明堂，齐宣王所欲毁者也，荀子所谓“虽筑明堂于塞上，而朝单于可也”是也，其制甚简。武帝时，济南人公玉带，上黄帝时明堂图，图中有一殿，四面无壁，以茅盖，通水，圜宫垣，为复道，上有楼，从西南入，名曰昆仑，以礼拜上帝。黄帝之说无稽，要亦古制，故《孝经》亦谓：“宗祀文王于明堂，以配上帝。”明古之明堂，以朝诸侯，其祀止上帝，故一殿而足矣。其后五天帝之说兴，明堂复改祀五天帝，《尚书·帝命验》曰：“帝者本天立五府，唐虞谓之五府，夏谓之世室，殷谓之重屋，周谓之明堂，皆祀五帝之所也。”而明堂乃有五室之制。《考工记》“明堂五室，凡室二筵”是也，而青阳、总章诸名，亦因之以兴。其后十二月令之说，入于明堂，乃更有左个右个十二明堂之制。《六艺流别》引《尚书大传》

云："自冬日至数四十六日，迎春于东堂，距邦八里，堂高八尺，堂阶八等；孟春之月，御青阳左个；仲春之月，御青阳正室；季春之月，御青阳右个。自春分数四十六日，迎夏于南堂，距邦七里，堂高七尺，堂阶七等；孟夏之月，御明堂左个；仲夏之月，御明堂正室；季夏之月，御明堂右个，自昆仑中至太室之野，土王之日，迎中气于中室。"《考工记》贾疏引《别录》："路寝在北堂之西，社稷宗庙在路寝之西。"又云："左明堂、辟雍，右宗庙、社稷。"又，《说苑·修文篇》："承明继体守文之君之寝，曰左右之路寝，谓之承明何？承乎明堂之后者也。"是国中亦有明堂，《大传》中室，即明堂也。《大传》又云："自夏日至数四十六日，迎秋于西堂，距邦九里，堂高九尺，堂阶九等；孟秋之月，御总章左个；仲秋之月，御总章正室；季秋之月，御总章右个。自秋分数四十六日，迎冬于北堂，距邦六里，堂高六尺，堂阶六等；孟冬之月，御玄堂左个；仲冬之月，御玄堂正室；季冬之月，御玄堂右个。"《大戴·盛德篇》亦云"明堂有九室十二堂"是也，而《月令》亦由此遂孱入明堂之名，如《明堂月令》《王居明堂礼》是也。案，《月令》之礼，本自听朔之政。《周官》："太史掌颁告朔于邦国。"《穀梁传》："天子告朔于诸侯，诸侯受于祢庙，礼也。"《五经异义》："诸侯岁遣大臣之京师，受十二月之朔政，还藏于祖庙。"是听朔之礼，有十二月朔之政，其来自久。《夏小正》一篇，已略备《月令》之体，《逸周书》亦有《时令解》，他如

《管子·幼官·时令》，皆为《月令》之鼻祖，故杜君即以《月令》为出于《管子》，盖先有其礼，次有其文，《夏小正》《时令解》等，皆其文也。不韦盖本以上诸书，加以损益耳，非创作也，亦如《时则训》之不同于《吕氏春秋》，而郑注所引之今《月令》维亦复有出入也。刘昞云："不韦鸠合儒者，寻于圣王月令之事而记之，不韦安能独为此记?"此可见古者实有此月令之政，非徒具文也。其后儒者，复引《月令》以入明堂，《御览》引《含文嘉注》云："天子孟春，上幸于南郊，总受十二月之政，还藏于祖庙，月取一政，颁于明堂。"蔡邕《明堂月令论》曰："古者，朝正于天子，受月令以归，而藏诸庙中，天子藏之于明堂，每月告朔朝庙，出而行之。"又，《月令·明堂篇名》曰："因天时，制人事，天子发号施令，祀神受职，每月异礼，故谓之月令。所以顺阴阳，奉四时，效气物，行王正也，成法具备，各从时月，藏之明堂，所以示承祖考神明，明不敢亵渎之义，故以明堂冠《月令》。"明月令、明堂本为二事，月令既入明堂，而明堂乃为政治之枢机。以《尚书大传》观之，五堂犹非一处，其后儒者欲尊崇明堂，乃复合太庙、路寝、明堂、辟雍而为一。《大戴记》云："此天子之路寝也，不斋不居其室，待朝在其南宫，揖朝出其南门。"《明堂位》曰："太庙，天子明堂。"古《周礼》《孝经》说："明堂者，文王之庙也。"魏文侯《孝经传》曰："太学者，中学明堂之位也。"《礼记·昭穆篇》曰："太学，明堂之东序也。"《盛德篇》："明堂，其水圜之曰辟雍。”《左氏》旧说及贾逵、卢植、蔡邕、服虔等，皆以祖庙与明堂为一。蔡邕《明堂月令论》曰：“明堂者，天子之太庙，所以崇礼其祖，以配上帝者也。夏后氏曰世室，殷人曰重屋，周人曰明堂，东曰青阳，南曰明堂，西曰总章，北曰玄堂，中央曰太室。《易》曰：离也者，明也，南方之卦也，圣人南面而听天下，向明而治，人君之位，莫正于此焉，故虽有五名，而实主以明堂也，其正中焉，皆曰太庙。”又云：“取其宗祀之清貌，则曰清庙；取其正室之貌，则曰太庙；取其尊崇，则曰太室；取其堂，则曰明堂；取其四门之学，则曰太学；取其四面周水，圜如璧，则曰辟雍，异名而同事，其实一也。”四者合而为一，五府并为一宫，于是明堂有宗庙之尊、太学之盛、路寝之治，俨然最高之政府焉。故蔡邕《明堂月令论》曰：“谨承天随时之令，昭令德宗祀之礼，明前功百辟之劳，起尊老敬长之义，显教幼诲稚之学，朝诸侯选造士于其中，以明制度，生者乘其能而至，死者论其功而祭，故为大教之宫，而四学具焉、官司备焉，譬如北辰，居其所而众星拱之、万象翼之，政教之所由生，变化之所自来，明一统也，故言明堂，事之大、义之深也。”曰譬如北辰，曰明一统，其尊崇为何如？曰政教所由生，变化所自来，非政府而何？曰事之大、义之深，则其理想之高可知也。西汉之世，赵绾、王臧，欲立明堂，而身不自保。至乎东汉，光武之世，明堂之制，乃始确立。明帝即位，躬行其礼，宗祀光武于明堂，养三老五更于辟雍，威仪盛美，单于入侍，较乎西京，已有质文之别矣。然以揆之明堂思想之初意，犹有间焉，则以迫于专制积威之下，不得畅行其说之故与！东汉以降，则更备物而已，可不惜哉。（见《史学季刊》第一期）

余论今文家明堂之义，源于周人外朝之法，有似后来之国会。从弟季甫更鸠合群籍，以证《月令》实取古之《王居明堂礼》，俨然后来之宪法，深有助于拙论，故附录卷末，以究未尽之义。虽然，西方服从多数之说，余于《自序》中已论其非是。故以明堂为议政之官则可，以明堂为即今之代议制则不可。至《月令》所陈，原为政治之纲要，而非治权之规定，至为显著。盖君权、民权云者，乃政治敌对之谓。君主专制，诚不足道。而议会专制之弊，今日西方学者，类能言之，亦颇谋所以救之，固不得为世界最理想之政治也。夫以天子百工之各有其职，即各有其权。专制于一夫诚非，专制于多数亦未是，皆非中国思想所应有之说也。《月令》所陈者，为政治积极之职责，而非权力消极之限制；乃政治之规定，而非权力之规定。诚以中国之法，治权分系于各级之职司，实非专系之上层或下层。盖中国固未尝言司法之独立，然以张释之之持法言之，以石虎之持于法言之，则又未尝非独立，亦未尝言考试铨叙之独立，然考铨之政，复谁得而干涉之、侵乱之？岂惟司法、考铨之制，凡而百司之守，莫不皆然。由《周官》《唐六典》而下，皆职守之规定，尸祝不得越俎而代庖，而法者正所以持百工之正，俾上下各尽其职，不相陵犯。此中国之大法与西方之大法，迥然异趣者也。权固非专之于庸众，而与独裁于一夫者，尤为不同。五权分立之义，殆庶乎得之，而犹未之尽也。凡中国政治之理论与制度，每难以西方之逻辑衡之。即以唐言，天宝、开元之后，谓之分权可也，然分而实专；天宝、开元以前，谓之集权可也，然集而非专。更以三省制言之，则西方所谓君主专制者，顾非吾国之所有。惟申不害言"有天下而不恣睢，是之谓以天下为桎梏"几于似之，而求诸历代之政治，究未尝依此理论以表见于行事。汉唐而下，朝廷集议与御史之制，乃中国议政之法，正沿袭于明堂之遗，将于他日续论之。恐读者疑于季甫之意，因略陈之如此。

文通附记

跋

兹编校印既竣，再复览之，于《儒家政治思想之发展》一篇，中言巡狩义后一段，觉有未安，应更论之。盖巡狩以言黜陟诸侯，而述职亦黜陟诸侯事也，连类记之，于义乃足。且以见今文之义，为后来之理想，无事别论封地三等五等之说也。谨改之如后。

> 孟子述晏子曰："天子适诸侯曰巡狩。巡狩者，巡所守也。诸侯朝于天子曰述职。述职者，述所职也。"此古制也。《尚书大传》言："三年一使三公黜陟，五年亲自巡守。"《五经通义》言："王者已有州伯，所以复设二伯何？欲使黜陟也。三岁一闰，天道小备，故二伯黜陟也。何以为二伯乎？曰以三公在外称伯，东西分为二。所以称伯，欲抑之。三公，臣之最尊也，又以王命而行天下，为其盛，故抑之，明有所屈也。"《说苑·贵德》言："《诗》曰：'蔽芾甘棠，勿翦勿伐，召伯所茇。'《传》曰：'自陕以东者周公主之，自

陕以西者召公主之，召公述职当桑蚕之时，不欲变民事，故不入邑中，舍于甘棠之下而听断焉。陕间之人，皆得其所，是故后世思而歌咏之。'"盖孟子、晏子之文，为述职古义，而此非古义也。《书传》既言"诸侯之于天子，五年一朝。朝见其身，述其职，述其职者，述其所职也"，说同孟子。是《书传》虽有三公三年黜陟之文，固非以为即述职之制。《史记·燕世家》："召公之治西方，甚得兆民和。召公巡行乡邑，有棠树，决狱政事其下，……民人思召公之政，怀棠树不敢伐，歌咏之，作《甘棠》之诗。"《史记》亦无述职之文。《说苑》称"《传》曰"者，《鲁诗传》也。毛、郑亦不以《甘棠》为召公述职。古文既无三公黜陟之事，《甘棠》亦非召公述职之诗。此今文家先立黜陟诸侯之义，又易述职之义以当之，而托其事于召公耳。王吉上疏言："昔召公述职，当民事时，而听断焉。是时人皆得其所，后世思其仁恩，至乎不伐，《甘棠》之诗是也。"《汉书》注："《韩诗说》云：'昔召公述职'云云"，文同王吉，王为《韩诗》，知鲁、韩皆以召公述职为说，胥不得为古事然也。《白虎通义》言："三岁一闰，天道小备；五岁再闰，天道大备。故五年一巡狩，三年二伯出述职黜陟，一年物有终始，岁有所成，方伯行国，时有所生，诸侯行邑。传曰：'周公入为三公，出作二伯，中分天下，出黜陟。'《诗》曰：'周公东征，四国是皇。'言东征述职，周公黜陟而天下皆正也。又曰：'蔽芾甘棠，勿翦勿伐，召公所茇。'言召公述职，亲说舍于野树之下也。"是二伯述职之外，复来方伯行国之说；召公述职之外，复有周公述职之说。《公羊·僖四年传》言："古者周公东征则西国怨，西征则东国怨。"何休《解诂》云："此道黜陟之时也。《诗》云：'周公东征，四国是皇。'"是何义与《白虎通义》同。而毛、郑则以是诗为周公东征管、蔡时作，岂所谓述职、黜陟之义乎？夫战国之世，世族之制废，而郡县之治立，乃儒者必言封建，虽非周旧，为说已卑。及观贾谊《过秦》曰："乡使二世有庸主之行而任忠贤，裂地分民以封功臣之后，建国立君，以礼天下，……天下集矣。"知汉儒以秦亡之速，为不封建之过。于是封建之论以复兴，则显非《公羊》讥世卿之义也。吾意战国间必有张为郡县之说者，徒以封建之论复起，而儒者刬灭之无余也，岂非事之至可惜者耶？封建之事再起，而巡狩、述职、黜陟之论亦由之而兴，以救时弊，非古有此制也。若《孟子》所陈巡狩述职曰："无非事者，春省耕而补不足，秋省敛而助不给。夏谚曰：'吾王不游，吾何以休？吾王不豫，吾何以助？'一游一豫，为诸侯度。"此言巡狩诸侯之古义，与后来之说，诚渺不相涉者也。

至五等之说，事颇可疑。季甫因廖师之言而为说，终

有未可据者，亦辩之如下，以见事应改作之意，兼明古文之义，每有妄为窜改之文，以徒为异同之说，不可不察也。

周代建侯之制，详于《周官·职方》，爵五等，地亦五等。考之《周书·职方》一篇，文符《周官》，始末并同，独"邦国千里，封公以方五百里，则四公，方四百里则六侯，方三百里则七伯，方二百里则二十五子，方百里则百男，以周知天下"。而《周书》作"凡国公、侯、伯、子、男，以周知天下"。《周书》原著于《班志》，复发于汲冢，乃《周官》所溢出之文，即为古今争论之本，则《周官》固不无可疑也。王莽发得《周礼》，以明因鉴，《汉书·莽传》奏曰："实考周爵五等，地四等，有明文。殷爵三等，有其说，无其文。"苏林注曰："四等：公一等，侯、伯二等，子、男三等，附庸四等。"是莽时所见《周官·职方》一篇，应同《周书》，安有地五等之说？《莽传》又下书曰："州从《禹贡》为九，爵从周氏有五。诸侯之员千有八百，诸公一同，土方百里；侯、伯一则，土方七十里；子、男一则，土方五十里；附庸大者食邑九成，土方三十里；自九以下，降杀以两。"此尤王莽以千八百国为地四等，说从周之义也。《左传·襄二十五年传》子产言："天子之地一圻，列国一同。"《司马法》言："同方百里。"是周封大国，限于百里，此定制也。故《五经异义》称古《左氏》说亦言："侯、伯七十里，子、男五十里。"则亦说地三等而已。是古文《左氏》旧说，本于传文，则《周官》溢出《周书》之文，决为后来窜入。王莽之世，尚无此言。《汉书·地理志》亦言："周爵五等而土三等，盖千八百国。"是班氏所见《周官》，亦无此言也。则孟子所谓太公封齐、周公封鲁为方百里者，此古事然也。更以军制言之，《夏官》言："凡制军，大国三军，次国二军，小国一军。"地五等而军三等，则《周官》不自为凿枘乎？故必地亦三等，于《周官》全书然后为合也。地既五等，自必斥大九州之界，始足以容之。谅《职方》九服之说，亦因缘五等地之文而生。莽之下书，惟称"卫有五服"，不及九服。又下书改郡县名曰："公作甸服，是为惟城；诸在侯服，是为惟宁；在采任诸侯，是为惟翰；在宾服，是为惟屏；在揆文教、奋武卫，是为惟垣；在九州之外，是为惟蕃。"以《莽传》论之，则九服之文，蛮、夷、镇、蕃之制，于古无征，倘亦王莽以后之说也。《秋官·大行人》曰："邦畿方千里，其外方五百里谓之侯服，岁一见；又其外方五百里谓之甸服，二岁一见；又其外方五百里谓之男服，三岁一见；又其外方五百里谓之采服，四岁一见；又其外方五百里谓之卫服，五岁一见；又其外方五百里谓之要服，六岁一见；九州之外，谓之蕃国，世一见。"此与《大戴礼·朝事篇》合，亦与《管子·幼官篇》通。而《职方》九服、《司马》九畿之文，显与此异。廖师谓

《莽传》下书改郡县名，与《大行人》合。是《大行人》之文有征，而《职方》之文不可据也。再以《周书·职方》言之，元明旧本，王圻外为侯服、甸服、男服、卫服、蛮服、镇服、蕃服。孔晁注每服皆为诂释，而镇服独无，注处惟空六字。疑镇服为浅人据莽后《周官》补入，惟于注不臆增，留此空白。篇末孔注有云："王十二岁一巡狩，其不巡狩，六服尽朝。"损镇服则适当六服之数，知妄补镇服之文，为晋孔晁以后之事也。此六服视《周官·职方》无采服，尤与莽制城、宁、翰、屏、垣、蕃之义适合。莽书固曰"在采任诸侯"，是显未以采别任各为一服也。《大行人》以"九州之外，谓之蕃国"，知本言蕃国，不言蕃服，亦与莽书"卫有五服"之义合。左庵师疑莽、歆所据《行人经》无要服之文。有要服者，盖出《周官》别本。兹以《周书·职方》证之，疑无采服。此为莽书并言任采之所本，《行人》要服即《职方》之蛮服，而要服之文，宜较可信也。莽、歆所据《周官》，与后来之本不同，左庵固先疑之。以《周书·职方》言，则《周官》九服之文，亦宜以《周书》六服为正也。惟《周书·职方》孔晁后亦经浅人妄为增益，清世校本，采、夷、镇三服，皆据后来《周官》补之，又卢抱经辈之失也。至史迁所谓鲁卫之封四百里之说，《晏子》《礼记》言齐鲁之封五百里、七百里之说，殆兼封略言之。于《左氏传》知古有封略之殊，如言“东尽虢略”、言“与之武公之略，至于廪延”之类。知百里者其封，而四百、五百、七百者其略也。固不足以证《周官·职方》溢出之文，五等之地，为事实也。盖五百里之地，以《司马法》计之，出车固亦不止于千乘。云千乘者，大率言之，诚不必凿凿以计数也。

由上来之说观之，今文之义，原为理想，其恣为异论，托之三代，制益歧而义益精。古文之说，主于考究往昔，乃反多疑文，事益妄而古益乱。明究于是，则于今古两派之得失，亦可以思过半矣。又前论儒家法殷之义，为儒之有取于法家，法家法殷者也，篇中惟以《公羊》“改周之文，从殷之质”为说。然寻诸儒分为八之事，其一为子思氏之儒，儒之兼取法家，莫著于此。而文质之说，亦源于《表记》。《表记》固为取之子思书。而何休说文质，即据《表记》以为义也。兹述论之。

《隋书·音乐志》沈约奏言：“《礼记》《中庸》《表记》《坊记》《缁衣》，皆取《子思子》。”考《意林》引《子思子》“君子不以所能者病人，不以人之所不能者愧人”，见《表记》。又引“小人溺于水，君子溺于口也”，见《缁衣》。《文选》注引《子思子》：“民以君为心，君以民为体，心庄则体修，心肃则体敬也。”又引：“《诗》云：‘昔吾有先正，其言明且清。国家以宁，都邑以成。'"皆见《缁衣》。《御览》引《子思子》:"天下有道,则行有枝叶;天下无道,则言有枝叶。"亦见《表记》。《后汉书》(《朱穆传》)注引《子思》:"天命之谓性,率性之谓道,修道之谓教也。"《史记》(《平津侯传》)索隐引《子思子》:"天下之通道五,所以行之者三。"皆见《中庸》。则沈约之言,为可信据。《汉志》《子思》二十三篇,《隋书·经籍志》《子思子》七卷,新、旧《唐书》并同。是原书至隋唐犹存,沈约固及见之,李善、马总、李贤、司马贞亦及见之,故得援以为说也。此四篇者入《礼记》中,纯乎儒家言。其散见群书所征,及旧论子思言事,乃不能无疵。意者韩非言儒分为八,有子思氏之儒,则承子思之学者,自为一派。倘《子思》二十三篇,固为子思氏之学者所传,故言多未粹,翻为儒家之别子。今案《子思子》佚文多法家之说。文质之论,亦始于《表记》。岂子思氏之儒所由别为一派者,正儒之滥于申、商者乎?《后汉书》(《袁绍传》)注述《子思子》曰:"兔走于街,百人追之,贪人具存,人莫之非者,以兔为未定分也。积兔满市,过者不顾,非不欲兔也,分定之后,虽鄙人不能争。"此慎到、商鞅、韩非书文也,而为子思之儒者取之。《孔丛子》述子思言行,每与他书征《子思子》者相合,明有所据。其称:"子思问于夫子曰:'为人君者,莫不知任贤之逸也,而不能用贤,何故?'子曰:'非不欲也，所以官人任能者，由于不明也。其君以誉为赏，以毁为罚，贤者不居焉。'"此法家之恒论也，而子思氏之儒道之。又称："子思对卫君曰：'君将以名取士耶，以实取士耶？'"亦此意也。又称："穆公问子思曰：'吾国可兴乎？'子思对曰：'苟君与大夫慕周公、伯禽之治，行其政化，开公家之惠，杜私门之利，结恩百姓，修礼邻国，其兴也勃矣。'"此所谓强公室、杜私门，亦法家之说也。又称："子思言苟变于卫君，曰：'其材可将五百乘。'君曰：'变也尝为吏，赋于民，而食人二鸡子，以故弗用。'子思曰：'君处战国之世，选爪牙之士，而以二卵弃干城之将，此不可使闻于邻国者也。'"是亦法家之说也。晁公武《读书志》引《子思子》："孟轲问牧民之道何先。子思曰：'先利之。'孟轲曰：'君子之教民，亦仁义而已，何必曰利？'子思曰：'仁义者，固所以利之也。《易》曰：利者，义之和也。又曰：利用安身，以崇德也。此皆利之大者也。'"此文《孔丛子》亦著称之。孟子斥言利，而子思氏之儒，饰为此言，以明利之与义调和而不相背，当亦法家者流之意也。则子思氏之儒，固援法而入于儒者也。法家法殷，儒取法而有改周文从殷质之说。文质之论，见于《表记》。尊尊亲亲之训，何休据之以说《公羊》。此法殷从质之说，非出于子思氏之儒之明证乎？而《春秋》家《公羊》《穀梁》，亦其流也。戴氏惟取《中庸》四篇以入《记》者，为舍其小疵，而录其大醇焉耳。《汉志》儒家复有《李克》七篇，注云："子夏弟子，为魏文侯相。"《说苑·政理》："魏文侯问李克曰：'为国何如？'对曰：'臣闻为国之道，食有劳而禄有功，使有能而赏必行、罚必当。'文侯曰：'吾赏罚皆当，而民弗与，何也？'对曰：'国其有淫民乎？臣闻之，夺淫民之禄，以来四方之士。其父有功而禄，其子无功而食之。出则乘车马、衣美裘以为荣华，入则修竽琴钟石之声，而安其子女之乐，以乱乡曲之教，如此者夺其禄以来四方之士，此之谓夺淫民也。'"是显为法家之说也。《说苑·反质》："魏文侯问李克曰：'刑罚之源安生？'李克曰：'生于奸邪淫佚之行。凡奸邪之心，饥寒而起。淫佚者，久饥之诡也。雕文刻镂，害农事者也。锦绣纂组，伤女工者也。农事害则饥之本也，女工伤则寒之源也。饥寒并至而能不为奸邪者，未之有也。男女饰美以相矜，而能无淫佚者，未尝有也。故上不禁技巧，则国贫民侈。国贫穷者为奸邪，而富足者为淫佚，则驱民而为邪也。民以为邪，则以法随诛之；不赦其罪，则是为民设陷也。刑罚之起有源，人主不塞其本而替其末，伤国之道乎？'"是亦显为法家之说也。则儒家之李克，固亦浸淫于法者。战国之世，儒之杂取法家者多，岂特贾生、晁错，然后乃兼明申、商之说哉？八儒复有子张氏之儒，孟子论杨、墨而曰："子莫执中，执中无权，犹执一也。"钱君宾四以子莫为申详，即《说苑·修文》所述之颛孙子莫。岂子张氏之儒为执杨、墨之两端，而用其中者乎？知儒分为八者，皆儒之出入于诸子者也。

至如《汉之经济政策》篇后，以董生"富足以示贵而不至于骄，贫足以养生而不至于忧"之言，为本之《管子书》"大富不可使，大贫不可耻"。然《礼·坊记》言："子云：小人贫斯约，富斯骄，约斯盗，骄斯乱，故圣人之制富贵也，使民富不足以骄，贫不至于约。"失而未引。此正董生之论所由本，而儒者先有之说也。舍《礼记》而征《管书》，此诚所谓道迩而求诸远，失之眉睫者也。《意林》引《公孙尼子》："心者众智之要，物皆求于心。"《文选》注引《公孙尼子》："众人役物而忘情。"此宜征以论《公孙尼子》与《管书》《乐记》者也。《意林》引《子思子》："君子以心导耳目，小人以耳目导心。"此宜征以论孟子所谓心之官、耳目之官，以见孟子之说源于子思，乃皆失而未引。姑记于此，待他日补之。又，《自序》篇后"而贱丈夫之所为"句下，拟增"此孔孟之道，所由汲汲于义利之辨者也"二句。"苟不达于忠恕之本"句下，拟增"义利之辨"一句。"惟琐琐于百步五十步之争"句，拟改为"不知以忠恕仁义之术，革功利贪暴之陋"。盖于此更足以见义利之不可以不辨也。校后附记于此，以志其疏失，且自儆也。文通识。

《儒学五论》自序(初稿)

学莫宏于周秦而莫精于孔孟,余致力于孔孟周秦之书有年也,而困于歧说异义不能究其奥。年三十撰《经学导言》,颇为先师井研廖君所许,盖以略能脱落于陈言而期于自得耳,而实未能大有所得。后采诸子歧说作《古史甄微》,稿即略具,而后知所撰集皆与孟子相背而有合于韩非之说、《竹书》所记,始知三晋之自为一系。儒墨之争如水火,乃述古事能符同者,以鲁人之学复自为一系也。《天问》所陈,本之楚先王宗庙公卿祠堂,与鲁晋皆殊,而《山海经》《庄子》独与之合者,以楚人之说又别为一系也。孟子称晋之《乘》、楚之《梼杌》、鲁之《春秋》者,亦以三系之文化不同而说古史全相戾也。于是别作《天问本事》,复改订《导言》旧稿为《经学抉原》,与《古史甄微》三篇循环相通,明三方之思想精神各具独特之意。持此以观周秦之书,秩然若有纪而不得紊。后居汴梁,复特撰秦事为卷,以当讲疏。稿既竟,始知秦之法度无往而不与孟子相背，而其旨趣最合于韩，乃晓然于儒家之说为全合于周制。儒家之说为空言而周制为行实，法家之说为空言而秦制为行实，辅车相依，互为表里，百家横议，谲诡多端，要以儒法之争为新旧时代异同之主干，而余为枝叶，于地域之故、时世之变略有统归，要以孟子、韩非为双方巨擘。年四十，居北平，忽于高欢之事而知《周官》《孟子》言井田为周代之行实，而汉人所论井田与之迥殊，为经师之理想，盖周也、秦也、今文师说也，截然而为三。《春秋》师说者多经师之空言，礼家师说者乃经师欲见之于行实者也。凡今文师说皆鉴于周秦之失而别起一至美之治，其为说盖恢宏秦汉之间，非秦暴极淫之时未易逮此。乃知孔孟之道至秦汉之间，内圣外王之义已大有所进，新故之间固不可混而为一，亟欲作《周秦民族与思想》一编以明其义。及居天津，"周秦民族"一部遂有成篇，而"思想"一部方欲属稿，适李君浚卿北来，余以鄙意告之，浚卿谓此事深广，恐旦夕稿不可就，曷若先撮要论之，但得大纲，先具其节目，续为之广陈可也。余然其说，因作《儒家哲学思想之发展》一篇，而芦沟之事变以起，仓皇西还，因再撰《儒家政治思想之发展》一篇，自孔孟而来至于秦汉之际，儒家内圣外王之说、先后变易之故略陈之也。凡今文家所理想之政治制度莫不与墨学有关，复作《墨学之流变及其原始》一篇。有周制有秦制，然后有经师理想之制，《儒家政治思想》一篇既已略陈周制之实与儒家理想之同异，因删存旅汴梁时所集秦事为《秦之社会》一篇，以见周秦与今学截然为三之实。今兹李君又欲余收拾旧作合为一编以告学子，因稍削定此四篇以付手民，虽未能备所欲言而大要略具，而余已年五十也。自惭所学肤陋，而牵于人事，所欲论者又未可遽成，兹所陈者不过语学者以途辙耳。忆少时为学，每困于汉宋之争、今文古文之辩、程朱陆王之同异，或欲会而通之，亦难为力；此之所陈，至乎汉初而止，所幸尚未以余往时之所困者转以困后来之士也。念秦汉间师儒之宏议未尝见于荀卿之书，而申培公于汉武之世已为论明堂之宗师，申公师于浮丘伯，伯师于荀氏。浮丘伯即《盐铁论》包丘子，与李斯并学，知即《新语》之鲍丘。《说苑》有鲍白令之，责始皇为桀纣而亟赞官天下之美，则此鲍白令之为鲍丘子，非斯人之高名孰得而面责秦皇之恶？是鲍白者，鲍丘之讹也。其亟陈禅让之事，是为初汉师儒所导源宜在此耶！因取四书及马所论辑《包丘子传》一篇殿焉，以伸高山景行之意。

《儒学五论》自序(第二稿)

儒之为教,修己以安人,达以善天下,穷以善一身,内圣外王无余蕴矣。汉帝唐宗,成盛业,树伟烈,其光昭于载籍者,何莫非崇儒而后能。观于贞观之间,庙堂之吁咈,然后了然于孔孟之教,不为欺我之虚言。自学失其绪,矜宏肆,饰声华,以《诗》《书》为禽犊,于济世淑人之间,儒固无所与,而世之于儒,亦谓其无益于人国也。吁!惟俊杰为能师圣贤,观于贞观,其信然耶!此《政要》一编,在二宋元明,于庙廷若家诫,若庭诰,诵习不废,从则吉,不从则凶,此我数千年来历史所由建立者耶!而儒果为匏瓜之不食哉!余之若斯五论,意在兹也。(此段原作:"中国数千年之伟烈光昭史册者,何莫非儒者之泽而孰致之哉!即以贞观之间庙堂所论言之,而儒非不急之腐谈于是乎著,惟英雄为能知圣贤。"初作:"汉唐以来,丰功盛治,何莫非本儒学之所成,观贞观君臣之论,而后见孔孟之言诚不我欺,此贞观所以为三代而下之至治也。

自宋而辽金元明,《贞观政要》遂为修王政者必读之书,惟英雄为能知圣贤,于唐太宗见之也。自学失其绪,而读书为涂泽,修齐治平之任,若与儒者无与焉,而孰知二千年之历史,其丰功茂绩,果奚由致之哉!此余《儒学五论》之所由作也。”)倘曰仲尼祖述尧舜、宪章文武,盖以推本历史经验,撰为应物之良规。《诗》《书》《礼》《乐》者,先代之成宪也,删之订之,以诵以说,于后言之,史也固资乎儒;以先言之,而儒也亦资乎史。世益降,史益变,而儒亦益变,儒史相资而不穷,为变不可极,所至亦富矣。此余《儒学后论》之所为作也。然狐则首丘,叶则归根,先圣后圣,损益殊而揆则一(原作:“先圣后圣,揆则一而损益则异焉”),故曰变易以从道,有变易焉,有不易焉,有简易焉,此所为不居而周六虚也,是学之有本也。文通自幼承庭训,长从师学,虽时过而业未臻,才识浅陋,敢云述作,于先后简册之言意所未安者,每有论列,年届五十,积稿渐多。适许君洁夫欲为之收拾其零散,刊为一编,而余茫然未知所择也。李君浚卿以先印《儒家哲学思想》《政治思想》二篇为言,余遂诺焉,意以为可。事不孤起,必有其邻,因以与是二篇相发者并系焉,广为五论;又以儒之资乎史与乎史之资乎儒者,别为后论四篇附焉。于学之始末、道之精粗,凡儒者所理想之经济、所理想之社会、修己安人之故,于是备矣。虽杂集为编、章裁各别,而先后之际循环贯通,固未可以为杂越也。言学必有体用,形而上者谓之道，形而下者谓之器，道与器不相离，故义理与事功不偏废。本自同贯，乌可歧也。何蔽者断断以争而不惜辞之费也。忆严立三先生于来蓉时寓于省图书馆，朝夕谭论，尝谓文通曰："方此国难之殷、忧患之间，所冀友朋讲明此学，延之后生，无使坠绝。"又曰："学有汉宋之殊，宋儒于性德之奥抒发至矣，惟但有内圣而无外王，则于经世之旨不足。汉学有今古之别，古学于经传训诂考证既详，可资诵习，而外王致用之学则在今文，吾子承廖氏之绪，宜以学以教，则儒之终有裨于国家民族也。"惟文通之庸浅，于学无明，曰俟之来者，则吾岂敢；曰承先师之坠绪，则责未可辞矣。惜畏友忽焉云殁，未得以此编质正之也。然此百千年外王学说，欲持之以致用于今日，可乎！（稿笺此处天格上批云："夫儒家乃哲学，非宗教，以理智高而非感情盛也。故唐前有荫任袭爵、宋以来有捐纳补官。任者世族之权，捐者资产之势，而终蛰伏于考选之下者，理智之用强也。以服善为贵、不必服从多数者，亦理智强也。"）顷者民治之论盛极于时，胡鉴民先生尝以问文通曰："今者国家推崇儒学，复步趋民治，二者其不相妨耶？"余以今文家政治理想告之，胡先生为首肯者再，知今世持胡先生之疑者非一人，于此编所论，其亦为之首肯否也？是此编者，于重儒学、行民治，倘有万一之助也。抑又言之，今日西人之言民治者，欲以平等之民治易自由之民治，欲使政治民主之国家日接近于政治民主，而经济民主之国家日接近于政治民主，独誉中国之文化为社会民主造于极峰之文化。今世国家或为资产阶级之政权，或为无产阶级之政权，（此处天格上批云："其曰君主、曰民主、曰专制、曰立宪，是皆政治之逻辑，固浅末不足论也。"）而誉中国考试之制度为超阶级之政权，是中国二千年来政治上之所成就，人方步趋之而未逮也。至厌弃清教徒之所谓道德者，欲别研求新道德以代之，而誉孔子之说为最合于人类新道德之理想，至以快乐计算法为新道德之基础，则与孟子舍鱼而取熊掌之说若合符节，则儒者内圣外王之学匪独可施之于今日之中国，以世界之思想趋势言之，直可施之于全人类，以创造其前途。则秦汉之间，儒之为儒，深义宏规，通乎百世而达乎万方，所谓千百世之上下有圣人出焉，此心同，此理同；东海西海有圣人出焉，此心同，此理同。不其然乎！斯则明先哲之绪以拯万方之饥溺，固儒者之所有事，而今其时也。是则所愿以此编拥篲前驱而俟乎来哲者也。若曰于汉学析今古之同异，于宋学明朱陆之是非，考马班之得失，辨管韩庄墨之乖违，是区区者固儒者之所事而非其义之至者也。

孔孟之道，三古之所为训也，中国文明之准也。仁义之说，至杨墨而乱之。道家之毁仁义，则小之也；法家之毁仁义，则以迂阔而大之也。乃其流复资焉以说仁义而理益淆，阳儒而阴法者有之，阳儒而阴道者有之，祛其似，究其变，说益晚而益邃，以推孔孟之说于至精，而诐邪之辞不得作。述

《儒家哲学思想之发展》第一。

文武之道，历百世而常新。文武周公之制，则因于时宥于势，时移势改，其应更张者亦多矣。至商韩而摧毁摈黜之殆尽，法家遂以大行于战国。法术之弊极，墨家者流又起而振其师说以救其败。近世恒言民治思想已盛周末者，正以墨学故也，而儒又兼取之。道固不越于周孔，然典制数度之间则倜乎其远也。述《儒家政治思想之发展》第二。

儒之术以鉴周秦，兼采道法墨家之说而益精，殆出于荀卿之后而当秦汉之间，未知固谁氏作之也。《说苑》述鲍丘令之面责始皇，不稍回挠，抗辞明禅让以试虎口，可谓壮矣。吾意令之即陆贾书之鲍丘生、桓宽书之包丘子，而迁固所称之浮丘伯也。自伯而下，申公以论明堂为宗师，则义非荀卿之所有也。斯儒学之精卓于秦汉，鲍丘其作者俦乎！述《鲍丘子传》第三。

仁者必有勇，故儒分为八，有漆雕氏，是儒而侠者也。《戴记·儒行》一篇，倘即漆雕之儒所传乎！孙卿言："偷儒惮事，无廉耻而嗜饮食，必曰君子固不用力，是子游氏之贱儒也。"《墨子·非儒》言："倍本弃事而安怠傲，贪于饮酒，惰于作务，陷于饥寒，危于冻馁。富人有丧，乃大说，喜曰：'此衣食之端也。'"今之说者欲持此以概论儒者，谗贼之口诚何所不至，安知儒之所谓大丈夫哉！述《漆雕之儒考》第四。

班固言:“墨家者流,盖出于清庙之守。养三老五更,是以兼爱;选士大射,是以上贤;以孝视天下,是以上同。”其为说恒不见于墨子之书,而儒之礼家侈言之,殆墨者之师说而儒者承用之也。清庙即明堂也,经师所传一王大法悉归本于明堂。儒之于墨,弃其短,集其长,以修正故说而一新之,遂以起六经于衰绝而大振之为万世宗。述《墨学源流及儒墨汇合》第五。

李君浚卿以讥世卿为《公羊》义,非《春秋》义。海东学者亦论《穀梁》为取法家,文多,不具载。惟论法家自托于从殷,《公羊》所谓改周之文、从殷之质。儒家言法殷者,取法家以为说也,讥世卿之类是也。清儒论墨家自托于从夏,不具载。惟论儒家言法夏者,取墨家以为义也。文约义丰,惟以附于前篇之末。述《儒家法夏法殷义》第六。为本论。

周之制为贵贱悬隔之制,前论之晰矣。而周代商业已趋于越国之贸易,天子诸侯各以关门之征为收入之大宗。世族政治与商业经济调合并进不相妨,通商惠工为诸侯之美政。与列国之君相结托而诛世卿者,胥为起自平民之陪臣,而商贾不与焉。此国史之异于欧西者也。述《周代之商业》第七。

秦之制,贫富悬隔之制也。自法家者流抑工商、励耕战、摈世族、崇君权,于周政为绝异,而六国皆奉之,惟秦为之最力。吴起在楚,废贵人,实旷虚,减百吏之禄以奉选练之士，其在魏殆亦如是也。岂独申商于韩秦为然哉！儒家之再兴，正以鉴周秦而思革其败耳。述《秦之社会》第八。

百家之学，莫不主于抑商而均富，而儒墨又亟称选天子以谋及庶人，于君权固不相容也。至汉用晁错、董生之说，贵农而贱商，限名田，释奴婢，王室既有取于师儒经济之政策，而儒亦遂让步其政治之主张，合力以摈商贾，而商贾中家以上大抵破也。凡地主农奴之争、劳资阶级之争，胥不见于国史，君主之制独垂二千年，皆晁董为之也。自汉始而国史入一新型。述《汉代之经济政策》第九。

汉儒论政治制度者多而详，言社会制度殆寡矣。宋之儒，于王政之大端，每忽而不论，卑视汉唐为俗陋，曰在治人，不在治法，独于乡里闾巷民庶之际言养言教，最为周悉，诚所谓禹稷饥溺之怀也。夫养之不教，斯鹿豕畜之矣，仰事俯畜而不足，民又安以此生为？曰登苍生于仁寿之域者，非教养兼至，何以为臻于仁寿哉！述《宋明之社会设计》第十。为广论以附录于后。

凡本论、广论都十篇。

往者余欲作《周秦民族与思想》一编，贯穿经史百家之言，以明一是之论。于民族移徙之故，已备论之也（文繁遂使别为一书。又以其首论古地理三十余事，亦别出之为专篇），于论百家思想相互激荡之故，则徒举其纲，亦思徐述之。李君浚卿以为余所论事广义深，欲博综而详说之，非累岁年不得就，未若先论其卓卓数大端，则不数万言而其要亦可举。余遂先写《哲学思想》《政治思想》二篇，余亦间为论及。遂以《周秦民族史》独立为一编，又以其论古地理十数题稍广之为《古地论丛》，皆听各别为编。兹所辑十论为一帙，其作之也先后不一时，或详或略，体未伦齐，亦有姑启其端，谨附及之，未为专论，不足以示人。然此十篇者，皆余所拟《周秦民族与思想》一编中所有事也。惟于所欲论者，未逮十二，是则所为怅然自惜者也。兹编既各为题，专伸一义，意隔越而文支。苟不明各所为篇之要而举其统纪之相关，则此漫散之编，人将何由考究其旨义之所集哉！述《自序》第十一。

昔读《范汉书·刘陶传》，述所为篇曰《匡老》、曰《反韩》、曰《复孟》，甚慕之，宜黄大师即以是名余室，深以发扬儒家相嘱，日夕念之不敢忘。所论百家相荡激稿尤在箧中，徒举其纲，未敢以示人。此十篇者才所欲之十二也，未审何时能罄所怀悉述之。校雠既竟，拥卷惘然，若甚有失也。